GRAFOLOGÍA DE SÍNTESIS

PROYECCIONES INCONSCIENTES EN LA CONDUCTA ESCRITURAL

GRAFOLOGÍA DE SÍNTESIS

PROYECCIONES INCONSCIENTES EN LA CONDUCTA ESCRITURAL

Manuel J. Moreno

Instituto Grafología Analítica

Ed. Segundafrase

Colección **SEGUNDAFRASE**

**«GRAFOLOGÍA DE SÍNTESIS.
Proyecciones inconscientes en la conducta escritural»**

Manuel J. Moreno

Segunda edición: MAYO de 2024

Diseño de Cubierta: Moreno Cachorreña

© 2020, Manuel J. Moreno
(Reservados todos los derechos)

Edición a cargo de **Segundafrase**
C/ Noreña 1, 9ºB
33208, Gijón
Principado de Asturias
España

mjmoreno@cop.es
ISBN: 9798649983464

Depósito Legal: AS 01418-2024

Impreso en la UE

Dedicado a Amado Moreno —Illán—,
con todas mis sonrisas.

«La confianza es el mejor amigo».
Buddha
—Dhammapada, 204—

ÍNDICE

Prólogo

Abrir mediante un prólogo este libro que se encuentra entre sus manos, ha supuesto para mí asumir un extra de responsabilidad adicional, fundamentalmente por dos causas: respeto y admiración. Sin embargo, poder enfrentarme a esta responsabilidad es un regalo del que me siento profundamente honrado y agradecido.

Respeto por la propia grafología, sobre la que en ocasiones se circunscribe un halo de misticismo y banal juego de adivinación. Sin embargo, el estudio y análisis de grandes psicólogos y grafólogos, muestran cada vez con mayor claridad, la verdadera esencia de esta prueba proyectiva. Aproximarse a esta disciplina exige mesura, sensatez y perspectiva de su realidad y es que, si bien ya quedó testimonio en el siglo XVI (Huarte de San Juan) de que entre la grafía y el escritor parecía haber un vínculo mayor al mero acto de la escritura, los primeros pasos decididos en el estudio de la conducta escrita se inician en la segunda mitad del siglo XIX (Jean Hippolyte Michon) y se han mantenido de forma irregular hasta nuestros días. Es posible que la falta de rigor y en ocasiones la charlatanería, hayan alentado a que se realice mayor esfuerzo en situar la grafología como pseudociencia que en avanzar en sus logros. Sin embargo, en estas dos últimas décadas, el rigor en el estudio de la proyección del individuo sobre la conducta escrita parece que está aportando luz a esta materia.

También profundo respeto por cuantos difunden la grafología como un medio, un camino al que hay que entender y del que es necesario conocer los límites para poder recorrerlo sin riesgo de salirse, de caerse. En este caso, la grafología de síntesis, de mano de su autor, es un medio idóneo para ceñirse a ese camino, a lo esencial del legado y saber grafológico, de manera que pueda ser reintegrado por cada grafólogo. En esta obra, la lógica de su orden, el rigor de la propuesta y la prudencia no limita, sino por el contrario, da sentido al proceso por el que se interpreta la conducta grafo-escritural del individuo, permitiendo identificar expresiones simbólico-gestuales y reconocer determinados rasgos de personalidad o estados de ánimo, evitando a su vez, el común error de hacer valoraciones intuitivas aventuradas o en las que se pudiera proyectar el propio carácter y personalidad del grafólogo.

Pero sobre todo respeto y admiración por cuanto supone la figura del profesor Manuel J. Moreno, sobresaliente estudioso de la grafología y autor de numerosas publicaciones, como esta que obra en su poder en este momento, que constituye el contenido de uno de los programas de formación con los que divulga tanto su técnica como su visión de la grafología. En sus letras, se impregna el conocimiento y su gran experiencia, tanto como grafólogo, como perito calígrafo y como psicólogo. En él se conjugan las realidades de las pruebas proyectivas y de la psicométricas en el estudio y conocimiento de la conducta humana. La sencillez, la proximidad y la humildad con la que muestra su extenso bagaje, complementadas con la adecuada pedagogía y claridad lingüística facilita la comprensión de los principios y leyes de la grafología, "enganchando" al lector, al alumno, al curioso.

Hoy en día nadie discute que "no escribe la mano sino el cerebro", quedando en los textos escritos, fragmentos de lo más profundo del escritor, tanto por la estructura y el uso de palabras como por la forma de escribirlas, la disposición y uso del espacio, entre otros. Es conocido y demostrado que la escritura manual activa al menos tres áreas del cerebro como son el área motora, el área cognitiva y el área visual, adquiriendo gran importancia en el desarrollo de capacidades de motricidad, coordinación y habilidad en niños, estimulando la memoria semántica y la memoria de trabajo en personas adultas, pero, sobre todo, constituyéndose como un gran catalizador emocional.

No en vano, la escritura manuscrita se está presentando como un importante recurso pedagógico a recuperar en las programaciones de educación primaria y secundaria en los países con los sistemas educativos más avanzados. Es por esto, que en mi ya asumido rol de eterno aprendiz, de perpetuo alumno de disciplinas que me lleven a entenderme y entender el pensamiento humano, la toma de decisiones y su conducta, la caligrafía forense (grafoscopia) y la grafología han tenido un peso específico, fundamental diría, junto al estudio del comportamiento no verbal, pues a través de ellos se alcanza el espacio que ocupan las emociones del ser humano con todo lo que esto representa en cuanto a su conocimiento.

En este libro podrá encontrar ciertos conceptos fundamentales y perspectivas de estudio, la relación entre escritura y la personalidad, la interpretación grafopsicológica de la conducta escrita y su ambiente gráfico y las particularidades en el estudio de una firma, aprendiendo y empezando a adiestrar la mirada grafológica y a poner en práctica una escala de registro de variables grafonómicas. Es un paso necesario para quienes quieren conocer de primera mano la base del estudio de la grafía y para quienes quieren cotejar esta visión de síntesis con su propia experiencia como ya iniciado. Pero, sobre todo, es un elemento fundamental para quienes desean conocerse un poco mejor a si mismos, viéndose a través de unas lentes que enfocan una realidad, tal vez algo distinta a la que está acostumbrado quien siempre se mira en el mismo espejo.

Ignacio Pérez Piñero
Analista de Conducta, Perito Calígrafo y Grafólogo. Pero, sobre todo, alumno.

Cantabria, Mayo de 2020

CAPÍTULO 0

INTRODUCCIÓN

Cuando comencé a estudiar grafología de un modo sistemático y orientado a profesionalidad, a menudo me preguntaba en qué momento dispondría yo de una suficiente comprensión de la escritura que me permitiese «ver» con claridad la tipología de la personalidad de su autor. Supongo que el sentimiento que sostenía dicha interrogación es universal y característico para todo aquel que encara una nueva disciplina. En el caso de la grafología, esta inquietud resultaba particularmente intensa debido al hecho de que en un principio, frente a una nota, firma o escrito, apenas se logra ver más allá de formatos diversos y algunas peculiaridades.

La metodología y didáctica de mi primer acercamiento al ámbito grafológico, tampoco resultó seguramente el más idóneo. Se trataba básicamente de un sinfín caótico de prescripciones, semejantes a un recetario de cocina, o a un vademécum grafológico extractado de diversos manuales existentes.

Entender la escritura, la conducta grafoescritural, no es desde luego un asunto sencillo, sobre todo cuando no se parte de una adecuada comprensión respecto de los cimientos o presupuestos que deberían desarrollar en nosotros la capacidad de comprender la rica expresión simbólico-gestual que se despliega en el acto de escribir.

Y éste es, y no otro, el objetivo que pretendo ofrecerte aquí. Sobre qué pilares establecer las bases para discernir y saber describir la relación identitaria que existe en todo momento, entre la escritura manuscrita o autográfica, y su autor. El grafismo como totalidad, más allá del detalle pequeño, aunque sin descuidarlo del todo.

El desarrollo sintético que aquí te ofrezco mediante unidades limitadas en forma de párrafos numerados —los cuales siguen siempre un mismo hilo temático—, es una nueva aproximación personal al lenguaje y significación de lo simbólico-gestual presente en la escritura, prescindiendo de toda erudición grafológica y de nociones académicas encorsetantes, quedando éstas reservadas a la auto-formación de quienes gusten de llevar la formación y asimilación grafológica sobre la base de tales derroteros.

CAPÍTULO 1

GRAFOLOGÍA DE SÍNTESIS: DEFINICIONES, PERSPECTIVAS

1.1. Grafología de síntesis es la propuesta de atenerse a lo esencial del legado o saber grafológico, el cual debe ser repensado nuevamente por cada interesado en la disciplina.

1.2. La idea de síntesis que propongo alude a una forma de exponer la grafología esencial de forma que ésta pueda ser transmitida no sólo racionalmente, sino también dejando paso a la intuición, y con ella, al insight.

1.3. Síntesis, es también la destilación experiencial de un todo que ha sido generado por la percepción, asimilación o integración del conjunto de las partes, es decir, se trata de una gestalt, o perspectiva gestáltica.

1.4. En cierto modo, cada estudioso de la grafología, y por supuesto cada grafólogo, debería reinventar la grafología, alumbrarla en sí mismo de manera responsable y honesta. Articularla y redefinirla como una manera de hacerla suya, propia. De otro modo no podrá comprenderla adecuadamente, y su aplicación no dejará de padecer graves fisuras e insuficiencias.

1.5. La grafología alude a un saber o conjunto de saberes —hermenéutica— relacionados con la escritura natural o manuscrita, autográfica. Parte de la intuición de que cada individuo se auto-retrata en su modo y maneras de hacer las cosas: en su modo de comportarse.

1.6. La manera de trazar y relacionar los distintos elementos que intervienen en el acto escritural reflejan, proyectan y escenifican un modo de estar en el mundo, una cierta logística de actitud y de conducta.

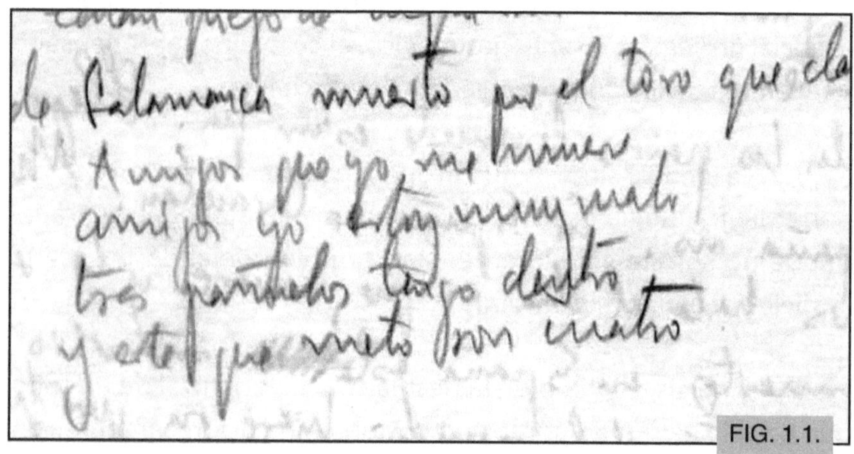

FIG. 1.1.

1.7. Acercarse de este modo a un sujeto a través de su escritura precisa de una gran prudencia y auto-conocimiento. Un adecuado conocimiento de sí evitará en gran medida que las valoraciones e interpretaciones estén contaminadas de proyecciones del propio carácter y personalidad del grafólogo.

1.8. A través de la conducta grafo-escritural, observamos expresiones simbólico-gestuales del complejo individual que llamamos personalidad, y muy a menudo, de la circunstancia anímica que la está afectando, tanto en un sentido positivo o favorable, como negativo o desfavorable.

1.9. La expresión de lo real en nosotros —ello—, surge de un proceso no-intencional, fundamentalmente inconsciente. Es este el motivo por el que la escritura es una fuente fiable y valiosa de información proyectiva relacionada directamente con el entramado psicológico del sujeto que escribe.

1.10. La experiencia grafológica pone de manifiesto que existe un gran número de patrones gestuales y de actitud grafo-escritural que dan cuenta de rasgos, aptitudes, tendencias y circunstancias anímicas, que pueden resultar de una gran utilidad prospectiva.

1.11. Dichos patrones pueden ser entendidos como arquetipos grafológicos, los cuales tienen que ver con aspectos o cualidades prototípicas del psiquismo humano, en mayor o menor medida presentes y activos en un sujeto particular, y en un momento histórico dado.

1.12. El arquetipo central o nuclear —el arquetipo por excelencia— es denominado por Jung, Sí-Mismo. Él es la fuente potencial de la individualidad psicológica. A las singularidades del proceso natural de su desarrollo, Jung lo llamó proceso de individuación.

1.13. La individuación supone la auto-realización de la propia totalidad —Sí-Mismo—, que en la escritura se verá reflejada como conjunto diferenciado, progresivo y equilibrado.

FIG. 1.2.

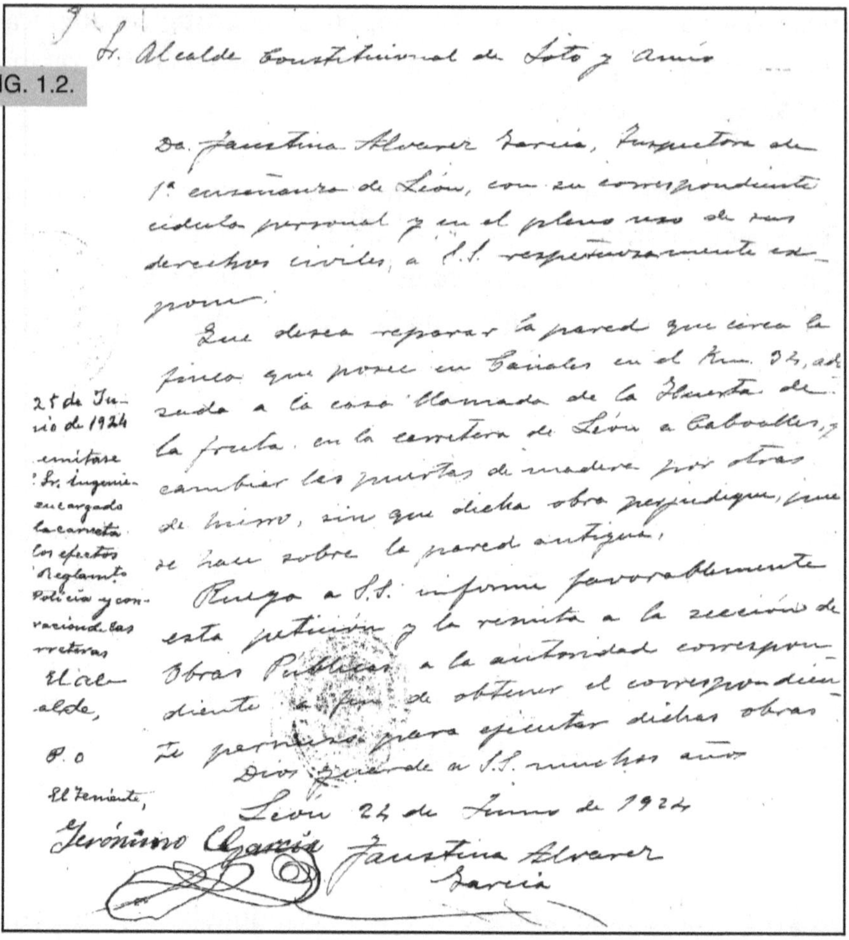

Sr. Alcalde Constitucional de Soto y Amío

Dª Faustina Álvarez García, Inspectora de 1ª enseñanza de León, con su correspondiente cédula personal y en el pleno uso de sus derechos civiles, a V.S. respetuosamente expone:

Que desea reparar la pared que cerca la finca que posee en Cañales en el Km. 32, adosada a la casa llamada de la Huerta de la Fruta en la carretera de León a Caboalles, y cambiar las puertas de madera por otras de hierro, sin que dicha obra perjudique, pues se hace sobre la pared antigua.

Ruego a V.S. informe favorablemente esta petición y la remita a la sección de Obras Públicas a la autoridad correspondiente a fin de obtener el correspondiente permiso para ejecutar dichas obras.

Dios guarde a V.S. muchos años

León 24 de Junio de 1924

Faustina Álvarez García

25 de Junio de 1924 remítase al Sr. Ingeniero encargado de la carretera a los efectos del Reglamento de Policía y conservación de las carreteras. El alcalde, P.O. El Teniente, Jerónimo García

"Escritura de Faustina Álvarez, madre de Alejandro Casona. Dotada de agilidad e intenso dinamismo. Las formas están personalizadas, tanto estructural como dinámicamente, y se distancian por tanto del modelo o patrón caligráfico original. Se aprecia una ligera pero armoniosa tendencia a la filiformidad en su zona media —forma de hilo—. Podríamos hablar de una relación curva-ángulo, de tipo mixto. Se tiende a las formas simplificadas, así como a la arcada angulosa. El conjunto presenta un excelente formniveau: carisma gráfico, expresividad, diferenciación... Armonía de conjunto y espontaneidad al escribir. Predomina el movimiento sobre la forma, sin desdibujarla..."

CAPÍTULO 2

GRAFOLOGÍA. SEGUIMOS CON LAS DEFINICIONES

2.1. La grafología es la disciplina que abarca el estudio de la fisonomía del grafismo natural o autográfico. La comprensión que se sigue de dicho estudio puede ser empleada o aplicada de maneras diversas. Sobre la que centraremos nuestra presente exposición, tiene que ver con sus implicaciones y aplicaciones psicológicas, por lo que podríamos denominarla, grafología psicológica.

2.2. No se debe olvidar, no obstante, que la grafología entendida como estudio del grafismo puede también orientarse hacia la discriminación cualitativa de grafismos, auxiliando con ello procesos judiciales —forenses— y criminalísticos, entre otros.

2.3. Grafología puede ser entendida aquí como una comprensión psicológica y diferencial de la escritura, atendiendo al texto y la firma, principalmente.

2.4. Para acercarnos a dicha comprensión, precisaremos familiarizarnos con las manifestaciones características —y habituales—

"La escritura (vida) de una persona
es característica de la persona"

Carl Gustav Jung

Paráfrasis de una reflexión del psicólogo y pensador suizo, Carl Gustav Jung, cuya literalidad sería "La vida de una persona es característica de la persona", siendo la paráfrasis propuesta, la sustitución del término "vida", por el de "escritura".

de los distintos modos que tenemos los humanos de escribir, esto es, de la aplicación concreta y específica de aquel aprendizaje psicomotor que consiste en la adquisición de competencias grafo-escriturales (lo que llamamos, saber escribir).

2.5. Para alcanzar una adecuada compresión psicológica del acto escritural, necesitamos adquirir la habilidad de observar la escritura de manera fenomenológica, haciendo abstracción de su contenido (de su dimensión semántica), ateniéndonos exclusivamente a su fisonomía.

2.6. La fisonomía del grafismo puede ser caracterizada a partir de observaciones basadas en sus rasgos más diferenciados y dominantes. En función de su intensidad y protagonismo, pueden ser aquellos que tienen que ver conceptos clásicos, como los de cursus y ductus.

2.7. Cursus tiene que ver sobre todo con la forma y estructura de las letras, así como con sus composiciones cohesivas. El ductus, con el tipo de movimiento mediante el cual se articula su urdimbre.

El ductus está intrínsecamente relacionado con los giros de muñeca del escribiente, con la idiosincrasia de la psicomotricidad de cada individuo.

2.8. Aunque hay distintas aproximaciones fisonómicas a la escritura, la clasificación grafonómica es muy útil y operativa en la obtención de imágenes representativas y significativas de la conducta escritural.

2.9. Al conjunto de tales categorías o parámetros, así como a sus variables características o escrituras-tipo, lo denominamos grafonomía.

2.10. La grafonomía es a la escritura natural o autográfica, lo que la anatomía a los seres vivos. Describe de manera exhaustiva la fenomenología del grafismo desde diferentes parámetros o categorías. Dichas categorías grafonómicas comprenden, tanto aspectos dinámicos como estructurales del fenómeno o hecho grafo-escritural.

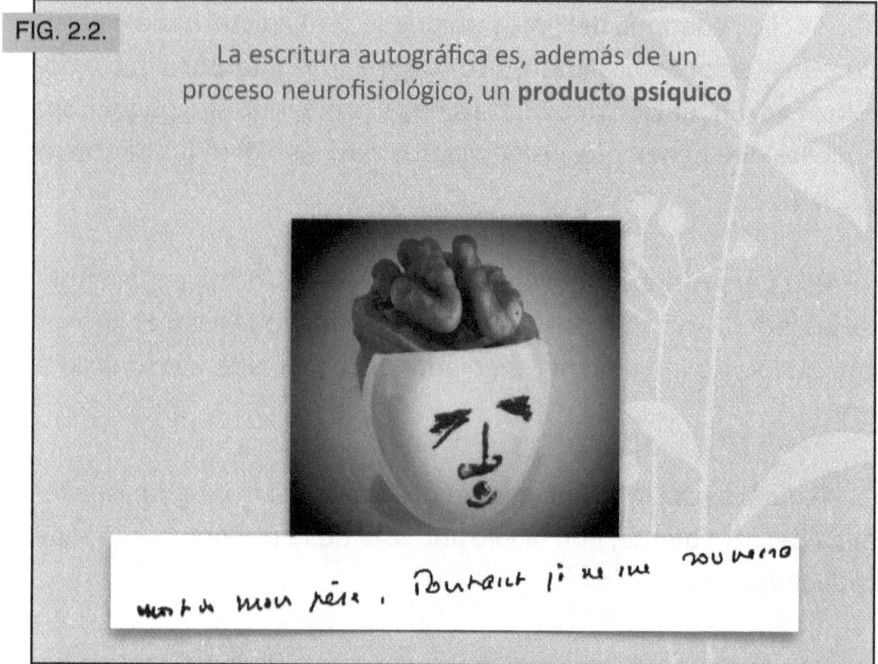

FIG. 2.2.

CAPÍTULO 3

PERSONALIDAD Y CONDUCTA ESCRITURAL

3.1. La escritura —conducta escritural— puede ser entendida como expresión, proyección y escenificación de la personalidad y sus circunstancias. Estas últimas —la personalidad y sus circunstancias—, son aquí la variable independiente, mientras que la primera —la conducta escritural—, es la variable dependiente.

3.2. La variable independiente —el sujeto que escribe, su personalidad y circunstancias— condiciona un modo de escritura —variable dependiente— que le es afín, gestual y simbólicamente, por lo que lleva su sello o impronta característica.

3.3. Escribir es una de las maneras en que las personas representamos nuestros patrones de actitud, los cuales son, en cierto modo, una tarjeta de visita psicológica —tipológica—.

3.4. Por otra parte, al firmar, representamos una imagen idealizada —en positivo o en negativo—, del modo en que nos concebimos y apreciamos a nosotros mismos. La firma es por ello una instantánea del sentimiento auto-estimativo.

3.5. Acercarse grafológicamente a un escrito debería hacerse lo más desprovisto posible de juicios previos, reparando en la totalidad de la escritura en tanto que orquestación de conjunto, y alternando esta forma de mirar con la observación de los distintos factores que contribuyen a dicha totalidad.

3.6. El sumatorio de tales factores o variables grafo-escriturales —las especies en la terminología clásica— es lo que determina la singularidad y exclusividad que sin duda tiene cada escrito, reflejando una identidad caracterológica, o al menos, una parte significativa de los procesos mentales y emocionales de la misma.

3.7. Sin reparar en lo que nos dice una nota o escrito, la mirada grafológica presta una concentrada atención a lo que comunican los modales grafo-escriturales, su gestualidad y simbolismo, tanto en la gestión de los espacios, como en su dimensión formal y dinámica.

3.8. Desde el mirar grafológico, escribir —los diversos modos de comunicación escritural— equivale a lenguaje no verbal paralelo al acto comunicacional verbal: prosodia, proxémica, tono, expresiones faciales, gestos corporales... El continente escritural, su especificidad, no es sino pura comunicación no verbal.

3.9. Los modos de ocupación del espacio que tiene lugar en toda comunicación escrita, normalmente en el papel blanco, forma una parte significativa de la comunicación implícita —no-intencional— que despliega cada escribiente. En cierto modo, representa una especie de "declaración de principios". Este modo de ubicarse o colocarse espacialmente, procede de motivaciones no conscientes.

3.10. En dicha involuntariedad y a causa de la misma, la inocencia del acto escritural —al igual que ocurre en los sueños—, deviene por derecho propio en una vía regia hacia la personalidad real del sujeto que escribe, hacia su yo verdadero.

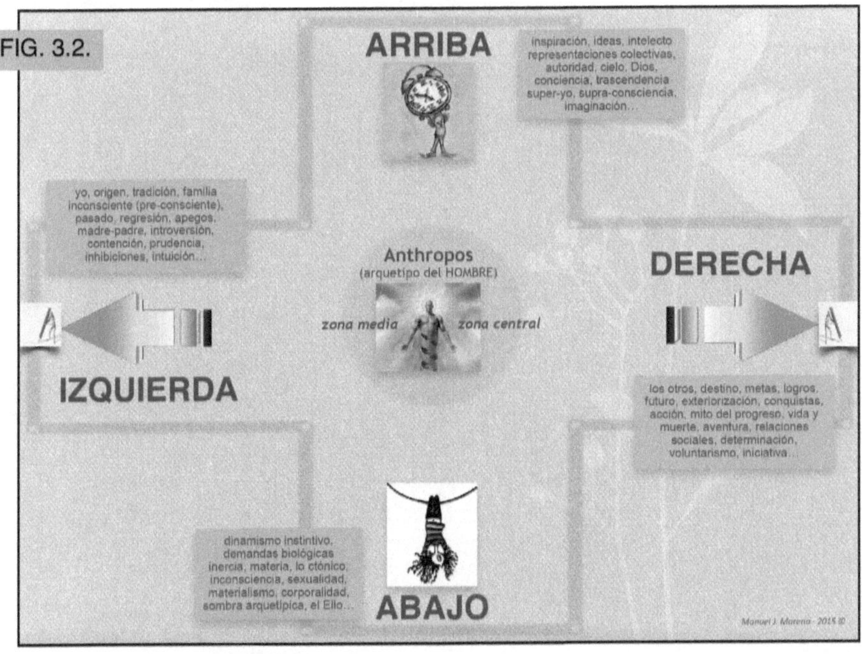

CAPÍTULO 4

LA MIRADA GRAFOLÓGICA. CÓMO ABORDAR EN LA PRÁCTICA LA RICA FISONOMÍA ESCRITURAL

4.1. Observar la escritura al modo grafológico tiene dos vertientes a saber: una de corte intuitivo, y la otra de carácter racional o analítica.

Para guiar y hacer eficaz la observación, disponemos de un sistema de categorías que facilita enormemente dicha labor. Lo nombramos sistema grafonómico.

4.2. La taxonomía que nos permite clasificar las diversas modalidades de escritura, demuestra su utilidad y condición indispensable, tanto en el ámbito grafopsicológico como en el judicial o forense. Se trata de reconocer la fenomenología grafo-escritural con precisión, saber nombrarla y clasificarla, así como inferir el proceso grafogenético que la determina.

4.3. La valoración intuitiva del conjunto —perspectiva molar, holística, global o sistémica—, no se refiere a una apreciación arbitraria, opinativa o cargada de subjetividad, sino al registro observacional de las propiedades del todo escritural. Conlleva también sin duda, un procesamiento racional, pero el mismo se fundamenta en una captación intuitiva de la funcionalidad del conjunto grafo-escritural.

4.4. Hay dos grandes cuestiones a valorar en la visión de conjunto: el grado de diferenciación y vivacidad del escrito, en línea con aquello que la mirada grafológica del caracterólogo alemán L. Klages denominó formniveau —nivel de la forma o gestalt—, y la armonía o buena orquestación del conjunto grafo-escritural, relacionado con el concepto jaminiano —J. Crepiéux-Jamin— de armonía.

4.5. En ambas consideraciones de conjunto, tanto el dinamismo como la espontaneidad juegan un papel de gran importancia, siendo elementos muy valiosos a considerar, tanto como indicadores de auto-expresión honesta y autenticidad, como de rasgo grafonómico característico de los grafismos legítimos en la comparativa de firmas o notas autográficas con fines de autenticación —ámbito criminológico, judicial o forense—.

4.6. La evaluación analítica por categorías o parámetros —géneros gráficos—, busca el dato característico de cada escritura de acuerdo con todo aquello que en ella se destaca, observada desde distintas perspectivas.

4.7. Lo fundamental consiste en determinar cuáles son las propiedades de un escrito con arreglo a criterios como los señalados en la figura 4.1. Obtendremos los resultados del análisis a modo de un perfil diferenciado, al que posteriormente podremos valorar e interpretar.

4.8. A partir de los citados parámetros o categorías —y también de forma paralela a las mismas—, se han desarrollado otros modos de mirar, clasificar y nombrar los movimientos y fenómenos observables en la escritura, como es el caso de las supercategorías de movimiento, espacio y forma en la teoría de la imagen mayor de Robert Heiss.

4.9. Para un registro exhaustivo de las variables que concurren en un escrito, podemos valernos de herramientas estructuradas, como la ESCALA DE REGISTRO DE VARIABLES GRAFOLÓGICAS —ERVG—, que mostraremos en el siguiente capítulo.

4.10. A la firma —complejo firma / rúbrica— podremos y deberemos aplicarle los mismos criterios de clasificación grafonómica que hemos señalado para los escritos en general.

4.11. En general, una mirada molecular, analítica o parcial de la escritura, nos llevará a observar los tipos de movimiento, ritmo y velocidad de su ejecución; el tamaño en las distintas zonas del grafismo, la proporcionalidad y el tratamiento dado a las letras mayúsculas e iniciales en nombre y apellidos; la dirección o proyección espacial de la línea de escritura, así como la posición de los ejes de las letras —dirección e inclinación—; las cualidades de la presión o pulsión escritural; la personalización caligráfica y las preferencias formales, es decir, el estilo escritural o tipo de letra; el despliegue de los elementos escriturales sobre el soporte –habitualmente el papel– y la disposición de los márgenes...

4.12. La mirada molar, global, holística o sistémica de la escritura, debería apercibirse de la impronta general del escrito, su

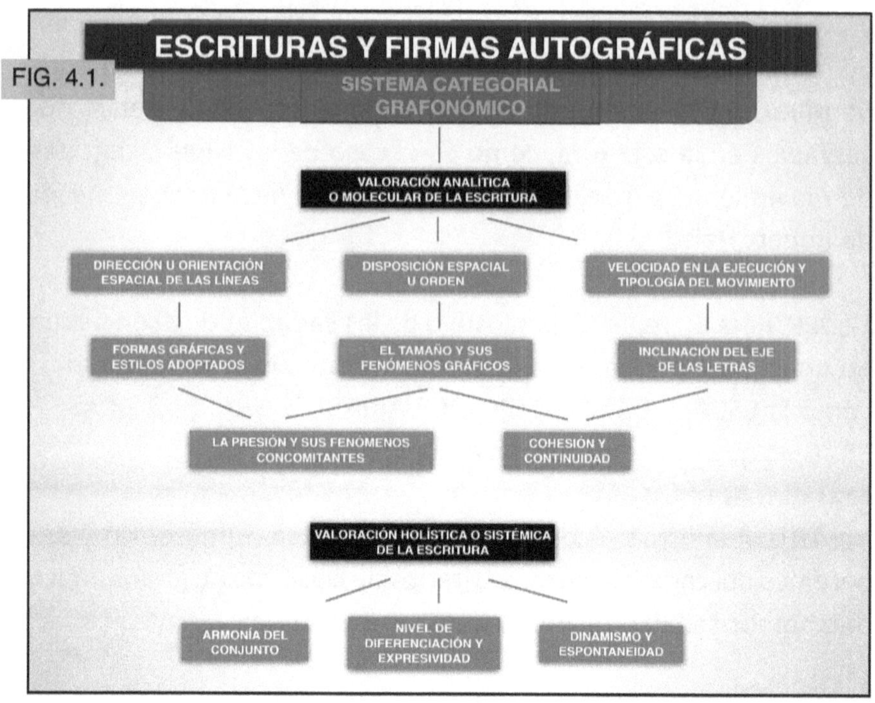

grado de diferenciación, creatividad, espontaneidad, armonía y calidad de conjunto. Éste será el «ambiente gráfico» en el que se encuentran las diferentes variables o características parciales de la escritura objeto de observación y evaluación.

"Cuando uno trata de clasificar algo, es de gran ayuda reconocer las características dominantes que puedan servir para subdividir un conjunto grande y confuso de objetos en grupos más pequeños. (...) ...la idea de especie establece algo de orden en el reino animal."

Marcus du Sautoy

—Lo que no podemos saber. Exploraciones en la frontera del conocimiento—

CAPÍTULO 5

ERVG: LA ESCALA DE REGISTRO DE VARIABLES GRAFOLÓGICAS (I)

5.1. La ERVG es un instrumento de evaluación estructurado concebido para facilitar el registro de la fenomenología observable en un escrito, su fisonomía. Abarca la totalidad de las categorías, parámetros o géneros gráficos, así como las principales variables, tipologías escriturales o especies, tanto en relación al texto común, como al combinado de firma y rúbrica.

5.2. La escala de Likert nos servirá, cuando proceda, para indicar la intensidad o dominancia de una variable presente en el escrito, y de la que estamos realizando registro.

5.3. Para poder cumplimentar un instrumento como la ERVG, necesitamos satisfacer 2 condiciones:

a) disponer de un conocimiento suficiente de los rasgos que caracterizan la fisonomía de una variable escritural determinada.

b) Unos mínimos de entrenamiento visual/perceptual de escrituras, que capacite en el reconocimiento de dichos rasgos.

5.4. El objetivo de la EGRV no es otro que el de componer un retrato o perfil grafonómico del escrito objeto de análisis, absteniéndose de hacer valoraciones psicológicas prematuras.

5.5. Mientras no se posea experiencia suficiente en la observación de escrituras, es conveniente cumplimentar las características moleculares o analíticas en primer lugar, dejando el recuadro correspondiente a las variables molares o de conjunto, para el final. Al tener que recurrir una y otra vez a la observación del escrito para cumplimentar los cuadros que se refieren a las variables analíticas, al terminar dicha tarea dispondremos con seguridad de un mayor conocimiento y familiaridad con el escrito, y por tanto, de una mejor perspectiva para decidir sobre el ambiente gráfico y las características molares, esto es, del conjunto escritural.

5.6. Veamos ahora la ERVG en su conjunto —sus 5 páginas— en imágenes reducidas, para pasar a continuación a explicaciones detalladas de sus características y modos de aplicación.

5.7. La escala Likert nos servirá para tener en cuenta la intensidad, protagonismo o dominancia que presenta una variable grafo-escritural, en un contexto escritural específico. Simplemente aplicaremos el criterio que mayor justicia haga a nuestras observaciones.

Hay que subrayar, que los valores de la escala son para uso exclusivo del analista grafólogo, por lo que las valoraciones que proponemos servirán únicamente a la organización y clarificación de su intervención, que en este caso consiste en la elaboración de un perfil o patrón grafonómico específico.

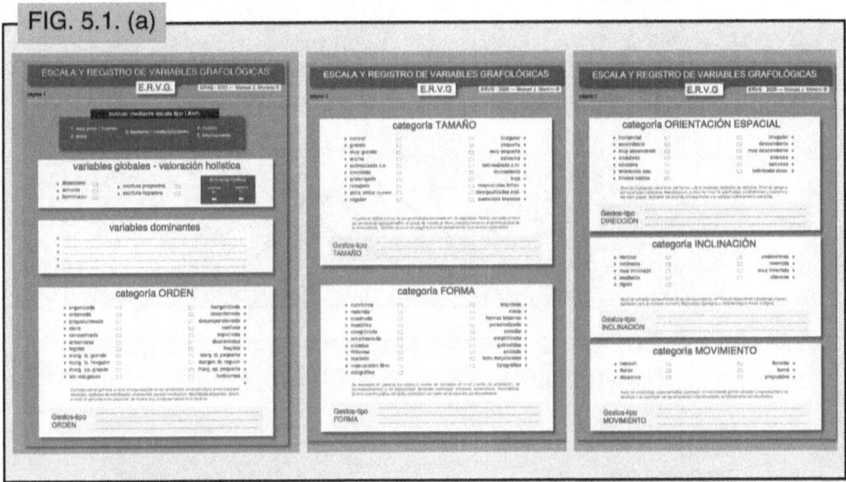

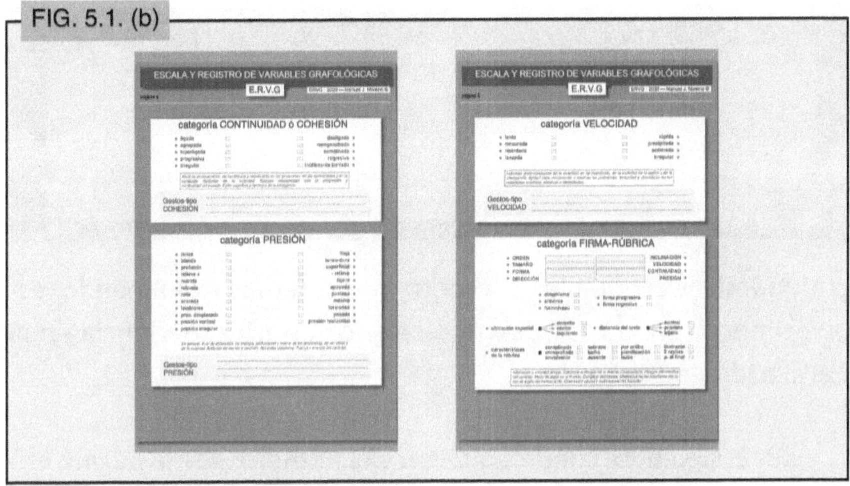

5.8. Los 2 primeros recuadros que vemos en la ERVG son los referidos a variables globales y variables dominantes —ver Fig. 5.3.—. Éstas últimas se refieren a aquellos rasgos especialmente salientes o protagonistas, en un escrito dado. Aunque aparecen en primer lugar en la escala, recomiendo cumplimentarlos al final, después de haber caracterizado la totalidad de las propiedades

FIG. 5.2.

FIG. 5.3.

grafonómicas atribuibles al escrito que estemos examinando, especialmente en el caso de grafólogos con poca experiencia en la perfilación grafonómica.

5.9. El siguiente cuadro, que hace el número 3 de la página primera de la ERVG, se ocupa de las principales variables relativas a la categoría ORDEN. Es éste un parámetro grafonómico que nos sirve para clasificar el sentido caracterológico del orden que tiene un individuo, su modo de organizarse personal y socialmente. También su modo de desplegarse en el mundo a partir de su visión/percepción del mismo, sobre todo, aquellas perspectivas que son más implícitas e inconscientes para la persona. Al final de

FIG. 5.4.

categoría ORDEN

● organizada	[ ]	[ ]	inorganizada ●
● ordenada	[ ]	[ ]	desordenada ●
● proporcionada	[ ]	[ ]	desproporcionada ●
● clara	[ ]	[ ]	confusa ●
● concentrada	[ ]	[ ]	espaciada ●
● armoniosa	[ ]	[ ]	disarmónica ●
● legible	[ ]	[ ]	ilegible ●
● marg. iz. grande	[ ]	[ ]	marg. iz. pequeño ●
● marg. iz. irregular	[ ]	[ ]	margen dr. regular ●
● marg. sp. grande	[ ]	[ ]	marg. sp. pequeño ●
● sin márgenes	[ ]	[ ]	fantasmas ●
			●

Corresponde en general, al nivel de organización en las tendencias, en la actividad y en los procesos mentales. Aptitudes de clasificación, ordenación, control, verificación. Habilidades adquiridas. Grado o nivel de estructuración personal. Se refiere muy fundamentalmente al carácter.

Gestos-tipo
ORDEN ....

cada recuadro, hemos reseñado de forma concisa algunos de los aspectos con los que se pueden relacionar grafológicamente los modos de escribir en relación a las variables señaladas.

5.10. El primer cuadro de la página 2 de la ERVG, da cuenta de los rasgos de escritura o variables, contemplados desde la perspectiva fenomenológica de la dimensión o TAMAÑO: altura de letras interiores o de zona media, anchura, irregularidades, desproporciones en mayúsculas...

5.11. El segundo cuadro en página 2 de la ERVG, se ocupa de las principales características grafonómicas o variables de la categoría FORMA, la cual tiene que ver con los estilos de escritura adoptados por cada persona al escribir, y que se corresponden en general con sus afinidades arquetípicas de actitud, así como con los resortes motivacionales, los roles y los valores predominantes en la conducta de un sujeto, en un momento biográfico dado.

FIG. 5.5.   categoría TAMAÑO

• normal	[ ]	[ ] irregular •
• grande	[ ]	[ ] pequeña •
• muy grande	[ ]	[ ] muy pequeña •
• ancha	[ ]	[ ] estrecha •
• sobrealzada z.s.	[ ]	[ ] sobrealzada z.m. •
• creciente	[ ]	[ ] decreciente •
• prolongada	[ ]	[ ] baja •
• rebajada	[ ]	[ ] mayúsculas inflac. •
• zona única -Castellet-	[ ]	[ ] desigualdades met. •
• regular	[ ]	[ ] aumentos bruscos •

En general, refleja el nivel de las necesidades de irradiación, de expansión. Refleja asimismo el nivel del sentimiento autoestimativo, el grado de <<culto al Yo>>, especialmente en el ámbito gráfico de la firma-rúbrica. También se pone en juego la función pensamiento vs la función sentimiento.

Gestos-tipo
TAMAÑO ....

FIG. 5.6.   categoría FORMA

• curvilínea	[ ]	[ ] angulosa •
• redonda	[ ]	[ ] mixta •
• cuadrada	[ ]	[ ] formas bizarras •
• modélica	[ ]	[ ] personalizada •
• complicada	[ ]	[ ] sencilla •
• ornamentada	[ ]	[ ] simplificada •
• arcadas	[ ]	[ ] guirnaldas •
• filiforme	[ ]	[ ] anillada •
• buclada	[ ]	[ ] todo mayúsculas •
• interversión M-m	[ ]	[ ] tipográfica •
• caligráfica	[ ]	

Se expresan en general los diversos modos de conducta, el nivel y estilo de adaptación, de convencionalismo o de originalidad. Aptitudes científicas, artísticas, comerciales, burocráticas. Exteriorización gráfica del estilo conductual así como de la máscara social preferente.

Gestos-tipo
FORMA ....

CAPÍTULO 6

ERVG: LA ESCALA DE REGISTRO DE VARIABLES GRAFOLÓGICAS (II)

6.1. El primer cuadro que encontramos en la página 3 de la ERVG se ocupa de la orientación espacial o dirección. Esta categoría del sistema grafonómico se refiere tanto al grado de ascenso/descenso que pueda presentar la línea de pauta o limitante verbal, como a las cualidades o características de la misma. Se trata de observaciones que reflejan estados de ánimo, disposiciones volitivas y la fuerza temperamental del sujeto que escribe, aportando información grafológica fácilmente observable, y muy fiable.

FIG. 6.1.

categoría ORIENTACIÓN ESPACIAL

• horizontal	☐	☐	irregular •
• ascendente	☐	☐	descendente •
• muy ascendente	☐	☐	muy descendente •
• ondulada	☐	☐	sinuosa •
• cóncava	☐	☐	convexa •
• imbricada asc.	☐	☐	imbricada desc. •
• finales caídos	☐		

Nivel de fluctuación del ánimo, del humor y de la voluntad. Aptitudes de iniciativa. Nivel de apego a las realidades cotidianas. Manifestación gráfica del nivel de asertividad, combatividad y conciencia del valor propio. Indicador del nivel de firmeza frente a la realidad sujetivamente percibida.

Gestos-tipo
DIRECCIÓN ....

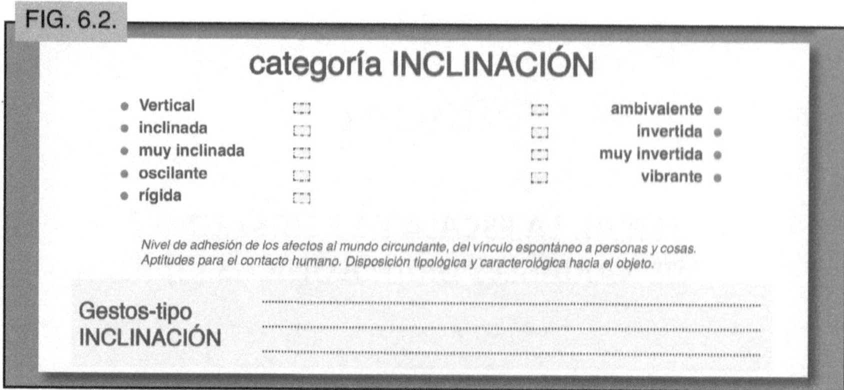

6.2. El siguiente cuadro recoge las variables de escritura que hacen alusión a la INCLINACIÓN de los ejes axiales de las letras y a su fenomenología más habitual y característica. Esta categoría o parámetro grafonómico recoge disposiciones y actitudes relativas a la comunicación afectiva con los demás, siendo la verticalidad en la inclinación de las letras el gesto racional más representativo del auto-control.

6.3. En el siguiente cuadro se recogen características prototípicas del MOVIMIENTO escritural. Es quizá uno de los dispositivos de registro de variables menos intuitivo y más difícil de apreciar para los estudiosos de la grafología con poca experiencia. En todo

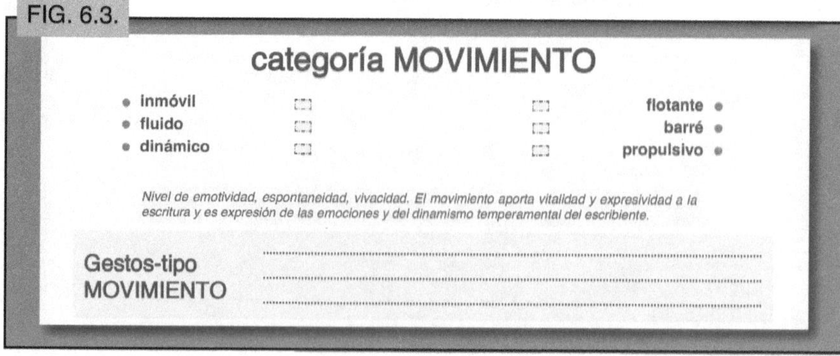

caso, recomiendo concebir esta categoría como un continuo que va desde el no-movimiento o estatismo escritural, hasta el exceso de dinamismo o condición propulsada.

6.4. La COHESIÓN o continuidad abarca diferentes tipologías escriturales con arreglo a formas específicas, a menudo idiosincrásicas, de coligar y relacionar los distintos componentes grafo-escriturales, fundamentalmente las letras y los signos ortográficos. Estas modalidades correlacionan, entre otros, con modos generales de procesar la información —de razonar—, así como con preferencias tipológicas o caracterológicas de actitud relativas a individualismo / colectivismo.

FIG. 6.4.

categoría CONTINUIDAD ó COHESIÓN

• ligada	[ ]	[ ]	desligada •
• agrupada	[ ]	[ ]	reenganchada •
• hiperligada	[ ]	[ ]	combinada •
• progresiva	[ ]	[ ]	regresiva •
• irregular	[ ]	[ ] inútilmente barrada •

Nivel de perseveración, de constancia y regularidad en las tendencias, en las necesidades y en la conducta. Aptitudes de la voluntad. Rasgos relacionados con la progresión y continuidad del trazado. Estilo cognitivo y tipología de la inteligencia.

Gestos-tipo
COHESIÓN

6.5. La presión o pulsión escritural es una categoría que se ocupa principalmente de 3 aspectos de la grafonomía. El primero hace alusión a la competencia grafomotriz del escribiente, evidenciada en la calidad o tensión de los trazos en particular, y en el trazado en general. El segundo es más cuantitativo y tiene que ver con la fuerza ejercida sobre el papel mediante el útil escritural. A este aspecto lo denominamos profundidad. La mayor o menor fuerza que ejerzamos sobre el papel al escribir va a generar un trazado más o menos grueso y de mayor o menor contraste cromático, lo que nos permitirá inferir dicha profundidad, siempre y cuando podamos inspeccionar el documento en su formato original —las fotocopias no nos sirven para este cometido—. Y por último, la presión se ocupa de clasificar fenómenos grafo-escriturales como las torsiones, los temblores, brisados..., que denotan alteraciones o desarreglos psicomotores diversos, que deberán ser tenidos en cuenta en la elaboración del perfil grafonómico de cada escribiente.

FIG. 6.5.

categoría PRESIÓN

tensa			floja
blanda			tensa-dura
profunda			superficial
relieve +			- relieve
nutrida			ligera
robusta			apoyada
neta			pastosa
acerada			masiva
temblores			torsiones
pres. desplazada			pesada
presión vertical			presión horizontal
presión irregular			

En general, nivel de afirmación, de energía, profundidad y relieve de las tendencias, de las ideas y de la voluntad. Aptitudes de mando y decisión. Aptitudes creadoras. Fuerza y energía del carácter.

Gestos-tipo
PRESIÓN

6.6. El cuadro destinado al registro de variables de la velocidad escritural apunta a las tipologías habituales de la misma, las cuales vienen determinadas por las letras por minuto que podemos inferir en la ejecución de un escrito. También a sus irregularidades o discontinuidades, como es el caso de las condiciones retardada y acelerada. Las interpretaciones posibles son diversas, y baste por el momento por quedarse con la idea de que la velocidad mantiene cierta relación con la inmediatez en las reacciones, así como con la espontaneidad en las interacciones con los demás.

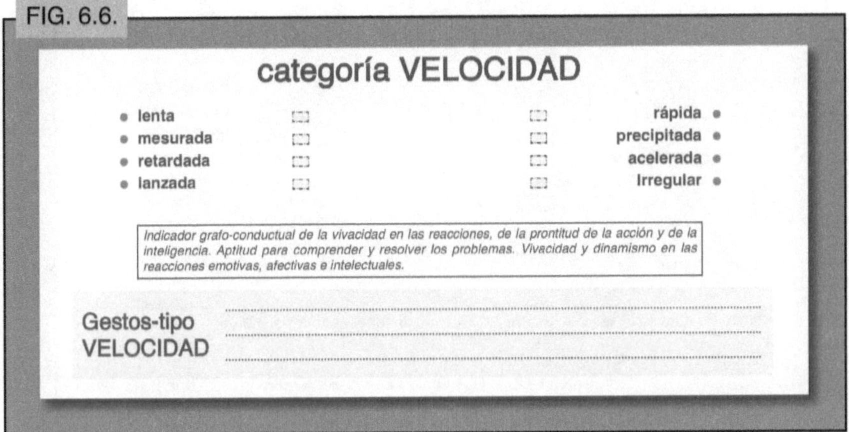

6.7. Por último, vemos el recuadro con indicadores relativos a las firmas —complejo firma-rúbrica—. En el mismo, encontramos de nuevo la totalidad de las categorías del sistema grafonómico, lo que nos invita a caracterizar la firma con las mismas herramientas conceptuales que hemos empleado para el texto común —la firma de una persona puede y suele presentar variables diferentes a las que observamos en el texto común—. También deberemos caracterizar el conjunto firma-rúbrica de acuerdo a los criterios con los que hemos contemplado la escritura como totalidad, esto es, su grado de diferenciación o formniveau, y la armonía o buena orquestación de sus elementos componentes. También la distancia que presente la firma respecto del texto que la precede y su ubicación espacial en relación a la caja de escritura, lo que nos aportará información grafológica sustancial y relevante. Finalmente, las características de la rúbrica en relación con la firma completarán el cuadro con el que buscamos caracterizar el perfil grafo-escritural o grafonómico del escribiente.

FIG. 6.7.

En las páginas que siguen, se pueden apreciar por entero cada una de las 5 páginas de la ERVG

ESCALA Y REGISTRO DE VARIABLES GRAFOLÓGICAS

E.R.V.G.

ERVG · 2020 — Manuel J. Moreno ©

página 1

FIG. 6.8.

puntuar mediante escala tipo Likert:

1. muy poco / inverso
2. poco
3. bastante / moderadamente
4. mucho
5. intensamente

variables globales - valoración holística

- dinamismo [ ]
- armonía [ ]
- formniveau [ ]

- escritura progresiva [ ]
- escritura regresiva [ ]

Ambiente Gráfico

positivo (+)	negativo (-)

variables dominantes

- ....
- ....
- ....
- ....
- ....

categoría ORDEN

organizada	[ ]	[ ]	inorganizada
ordenada	[ ]	[ ]	desordenada
proporcionada	[ ]	[ ]	desproporcionada
clara	[ ]	[ ]	confusa
concentrada	[ ]	[ ]	espaciada
armoniosa	[ ]	[ ]	disarmónica
legible	[ ]	[ ]	ilegible
marg. iz. grande	[ ]	[ ]	marg. iz. pequeño
marg. iz. irregular	[ ]	[ ]	margen dr. regular
marg. sp. grande	[ ]	[ ]	marg. sp. pequeño
sin márgenes	[ ]	[ ]	fantasmas

Corresponde en general, al nivel de organización en las tendencias, en la actividad y en los procesos mentales. Aptitudes de clasificación, ordenación, control, verificación. Habilidades adquiridas. Grado o nivel de estructuración personal. Se refiere muy fundamentalmente al carácter.

Gestos-tipo ORDEN ....
....
....

ESCALA Y REGISTRO DE VARIABLES GRAFOLÓGICAS

E.R.V.G

ERVG · 2020 — Manuel J. Moreno ©

página 2

FIG. 6.9.

categoría TAMAÑO

• normal	☐	☐	irregular •
• grande	☐	☐	pequeña •
• muy grande	☐	☐	muy pequeña •
• ancha	☐	☐	estrecha •
• sobrealzada z.s.	☐	☐	sobrealzada z.m. •
• creciente	☐	☐	decreciente •
• prolongada	☐	☐	baja •
• rebajada	☐	☐	mayúsculas inflac. •
• zona única -Castellet-	☐	☐	desigualdades met. •
• regular	☐	☐	aumentos bruscos •

En general, refleja el nivel de las necesidades de irradiación, de expansión. Refleja asimismo el nivel del sentimiento autoestimativo, el grado de <<culto al Yo>>, especialmente en el ámbito gráfico de la firma-rúbrica. También se pone en juego la función pensamiento vs la función sentimiento.

Gestos-tipo TAMAÑO ....

categoría FORMA

• curvilínea	☐	☐	angulosa •
• redonda	☐	☐	mixta •
• cuadrada	☐	☐	formas bizarras •
• modélica	☐	☐	personalizada •
• complicada	☐	☐	sencilla •
• ornamentada	☐	☐	simplificada •
• arcadas	☐	☐	guirnaldas •
• filiforme	☐	☐	anillada •
• buclada	☐	☐	todo mayúsculas •
• interversión M-m	☐	☐	tipográfica •
• caligráfica	☐		

Se expresan en general los diversos modos de conducta, el nivel y estilo de adaptación, de convencionalismo o de originalidad. Aptitudes científicas, artísticas, comerciales, burocráticas. Exteriorización gráfica del estilo conductual así como de la máscara social preferente.

Gestos-tipo FORMA ....

ESCALA Y REGISTRO DE VARIABLES GRAFOLÓGICAS

E.R.V.G

ERVG · 2020 — Manuel J. Moreno ©

página 3

FIG. 6.10.

categoría ORIENTACIÓN ESPACIAL

• horizontal	[ ]		[ ]	irregular •
• ascendente	[ ]		[ ]	descendente •
• muy ascendente	[ ]		[ ]	muy descendente •
• ondulada	[ ]		[ ]	sinuosa •
• cóncava	[ ]		[ ]	convexa •
• imbricada asc.	[ ]		[ ]	imbricada desc. •
• finales caídos	[ ]			

Nivel de fluctuación del ánimo, del humor y de la voluntad. Aptitudes de iniciativa. Nivel de apego a las realidades cotidianas. Manifestación gráfica del nivel de asertividad, combatividad y conciencia del valor propio. Indicador del nivel de firmeza frente a la realidad sujetivamente percibida.

Gestos-tipo DIRECCIÓN

categoría INCLINACIÓN

• Vertical	[ ]		[ ]	ambivalente •
• inclinada	[ ]		[ ]	invertida •
• muy inclinada	[ ]		[ ]	muy invertida •
• oscilante	[ ]		[ ]	vibrante •
• rígida	[ ]			

Nivel de adhesión de los afectos al mundo circundante, del vínculo espontáneo a personas y cosas. Aptitudes para el contacto humano. Disposición tipológica y caracterológica hacia el objeto.

Gestos-tipo INCLINACIÓN

categoría MOVIMIENTO

• inmóvil	[ ]		[ ]	flotante •
• fluido	[ ]		[ ]	barré •
• dinámico	[ ]		[ ]	propulsivo •

Nivel de emotividad, espontaneidad, vivacidad. El movimiento aporta vitalidad y expresividad a la escritura y es expresión de las emociones y del dinamismo temperamental del escribiente.

Gestos-tipo MOVIMIENTO

ESCALA Y REGISTRO DE VARIABLES GRAFOLÓGICAS

E.R.V.G

ERVG · 2020 — Manuel J. Moreno ©

página 4

FIG. 6.11.

categoría CONTINUIDAD ó COHESIÓN

- ligada [ ]
- agrupada [ ]
- hiperligada [ ]
- progresiva [ ]
- irregular [ ]

- [ ] desligada
- [ ] reenganchada
- [ ] combinada
- [ ] regresiva
- [ ] inútilmente barrada

Nivel de perseveración, de constancia y regularidad en las tendencias, en las necesidades y en la conducta. Aptitudes de la voluntad. Rasgos relacionados con la progresión y continuidad del trazado. Estilo cognitivo y tipología de la inteligencia.

Gestos-tipo COHESIÓN

....
....
....

categoría PRESIÓN

- tensa [ ]
- blanda [ ]
- profunda [ ]
- relieve + [ ]
- nutrida [ ]
- robusta [ ]
- neta [ ]
- acerada [ ]
- temblores [ ]
- pres. desplazada [ ]
- presión vertical [ ]
- presión irregular [ ]

- [ ] floja
- [ ] tensa-dura
- [ ] superficial
- [ ] - relieve
- [ ] ligera
- [ ] apoyada
- [ ] pastosa
- [ ] masiva
- [ ] torsiones
- [ ] pesada
- [ ] presión horizontal

En general, nivel de afirmación, de energía, profundidad y relieve de las tendencias, de las ideas y de la voluntad. Aptitudes de mando y decisión. Aptitudes creadoras. Fuerza y energía del carácter.

Gestos-tipo PRESIÓN

....
....
....

FIG. 6.12.

ESCALA Y REGISTRO DE VARIABLES GRAFOLÓGICAS

E.R.V.G

ERVG · 2020 — Manuel J. Moreno ©

página 5

categoría VELOCIDAD

- lenta ☐
- mesurada ☐
- retardada ☐
- lanzada ☐

- ☐ rápida
- ☐ precipitada
- ☐ acelerada
- ☐ Irregular

Indicador grafo-conductual de la vivacidad en las reacciones, de la prontitud de la acción y de la inteligencia. Aptitud para comprender y resolver los problemas. Vivacidad y dinamismo en las reacciones emotivas, afectivas e intelectuales.

Gestos-tipo
VELOCIDAD
....
....
....

categoría FIRMA-RÚBRICA

- ORDEN
- TAMAÑO
- FORMA
- DIRECCIÓN

- INCLINACIÓN
- VELOCIDAD
- CONTINUIDAD
- PRESIÓN

- dinamismo ☐
- armonía ☐
- formniveau ☐

- firma progresiva ☐
- firma regresiva ☐

- ubicación espacial ■ →
  - derecha ☐
  - centro ☐
  - izquierda ☐

- distancia del texto ■ →
  - normal ☐
  - próxima ☐
  - lejana ☐

- características de la rúbrica

complicada	☐	subraya	☐	por arriba	☐	tirabuzón	☐
■ enmarañada	☐	tacha	☐	planificación	☐	2 rayitas	☐
envolvente	☐	ausente	☐	lazos	☐	p. al final	☐

Afirmación y voluntad propia. Concepto e imagen de si mismo. Cosmovisión. Rasgos dominantes del carácter. Modo de estar en el mundo. Complejo dominante. Modalidad de las relaciones del yo con el sujeto del inconsciente. Orientación global y motivacional del firmante.

CAPÍTULO 7

LA FIRMA COMO ARTEFACTO SOCIAL Y ESCENARIO PROYECTIVO

7.1. Denominamos FIRMA al recurso sociológico tradicional mediante el que nos hacemos simbólicamente presentes en un documento, afirmando con ello nuestra voluntad de acuerdo. Como sabemos, dicho registro confiere valor legal a los documentos, a la par que da cuenta de su autoría y responsabilidad en todos los órdenes. De la firma nos hemos valido —y seguimos haciéndolo, aunque ahora en competencia con otro tipo de formatos—, durante un periodo histórico relativamente largo.

7.2. Paralelamente a la dimensión sociológica y legal de este acto escritural tan singular y específico, tiene lugar una escenificación proyectiva de gran valor psicológico. Las connotaciones anímicas de identidad que están en juego al firmar, afectan y condicionan de diferentes modos el tipo de firma que creamos y elegimos adoptar, así como las evoluciones que tienen lugar en la misma.

7.3. La carga emocional y proyectiva que la firma soporta, tiene naturalmente que ver con aquello a lo que la misma alude: el complejo del yo. En el acto de firmar evocamos inconscientemente las imágenes y sentimientos que de nosotros mismos tenemos, gestualizándolas mediante diferentes formas escriturales —su grafonomía—. Asimismo, valiéndonos del recurso rubrical —la rúbrica que a menudo acompaña la firma—, observamos dinámicas compensatorias y auto-expresivas procedentes de la subjetividad inconsciente.

7.4. Debemos focalizar nuestra mirada grafológica diferenciando el texto auto-alusivo de nombre y/o apellidos al que denominamos firma, del trazado o trazados de su garabato acompañante: la rúbrica. Es al conjunto de ambos recorridos —trazados—, al que consideraremos como complejo grafo-escritural de firma-rúbrica.

7.5. La firma, en tanto que nombre y apellidos, sintetiza a menudo la resultante del historial de refuerzos, positivos o negativos, del escribiente. Podemos ver con cierta frecuencia, que el nombre soporta condicionamientos gestuales y simbólicos vinculados al ámbito familiar más cercano. En nuestra familia de origen y desde un primer momento, hemos sido interpelados por nuestro nombre o derivaciones del mismo, como los diminutivos.

7.6. El apellido principal o preferente —aquel que privilegiamos en la adopción de la firma—, es simbólicamente alusivo al ámbito social / profesional, ya que a partir del periodo de escolarización, somos despertados a una conciencia social de grupo, comenzando a ser nombrados por nuestro apellido. Ello se acentúa aún más en el entorno laboral, institucional o político. Así, la grafonomía del apellido debe ser valorada en función de dichas conexiones emocionales, las cuales no tienen porqué ser necesariamente las mismas que presenta el nombre. Hay por tanto y a menudo, diferencias notables en el tratamiento matiz simbólico involuntario e inconsciente que acontece en el nombre, frente al que reciben los apellidos.

7.7. La rúbrica o garabato rubrical, reminiscencia del sello de tinta roja —rubrum— con que se validaban las firmas en tiempos pretéritos —Edad Media—, ha quedado colectivamente asociada a la firma, formando parte de la misma, e incluso muchas veces sustituyéndola.

Al carecer de un modelo genérico, cada escribiente elige creativamente y con plena libertad su diseño y características. Es en esta ausencia de reglas caligráficas, donde diversos patrones arquetípicos básicos despliegan su sentido gestual y simbólico.

7.8. En cierto modo, firma y rúbrica escenifican diferentes grados de integración y consciencia de sí, poniendo de manifiesto conflictos relacionales entre la mente consciente, cuyo complejo central es el yo, y la mente inconsciente, cuyas dinámicas autónomas pueden ser entendidas como complejos.

7.9. La pregunta que nos podríamos formular bajo el prisma de la mirada grafológica al encarar la firma-rúbrica, sería: ¿qué "hace" la rúbrica con la firma?, ¿cuál es su "comportamiento"?... ¿la envuelve, subraya, tacha, ornamenta, enmarca...?

Las relaciones entre el yo y el inconsciente —título por cierto de uno de los trabajos de Jung—, tienen su escenario proyectivo en el discurso gestual que observamos entre firma y rúbrica, al menos en una gran cantidad de personas.

7.10. Además del lenguaje simbólico-gestual de las rúbricas-tipo, deberemos efectuar un registro de variables a partir del sistema categoríal grafonómico, tal y como hemos hecho con los textos autográficos. Tal inventario de variables nos servirá tanto para el estudio y elaboración de informes periciales en el ámbito judicial o forense, como para perfilar la personalidad del escribiente desde una perspectiva grafológico-psicológica.

CAPÍTULO 8

ESCRIBIR, DESCRIBIRSE; FIRMAR, RETRATARSE

8.1. El estudio y evaluación grafológica de las firmas constituye un capítulo aparte en la disciplina y hermenéutica grafológica. Tan es así, que podríamos hablar de una grafología de la firma, en cierto modo, relativamente diferenciada del estudio grafológico del texto común. El análisis grafológico de firma y texto común, evidencia que se trata de un combinado proyectivo de alta complementariedad, mostrándose una cierta insuficiencia en el alcance de las conclusiones, si abordamos por separado cada uno de estos dos componentes esenciales del acto grafoescritural.

8.2. Al abordar el estudio de la firma, hay que tener en cuenta que no es nada infrecuente que las personas dispongan de al menos dos tipos de firma —a veces de más—. Una de ellas suele ser una simplificación impersonal de la primera. El fenómeno psicológico proyectivo recae mayormente en la firma cuya versión es más personal y completa.

8.3. Si el texto común es proyección de nuestra manera de conducirnos en el marco social de relaciones, la firma es a menudo, manifestación privilegiada de la imago predominante que el escribiente tiene de sí mismo, así como de gestos reveladores de los mecanismos compensatorios que el firmante pone en juego para contrarrestar sentimientos de deficiencia o inferioridad.

8.4. La firma suele presentar una cierta intensificación en al menos dos de los parámetros de la grafonomía general: el tamaño y la orientación espacial de la línea.

Así, suele ser habitualmente mayor de tamaño que el texto común, salvo excepciones. Entre tales excepciones, algunas son adaptativas, mientras que otras evidencian ser expresiones características de sentimientos de inferioridad.

8.5. El tamaño es representativo, entre otros, de las necesidades anímicas de expansión y auto-expresión del yo. Un tamaño "adecuado" retrata la fortaleza yóica que se afirma mediante patrones de conducta y actitud grafo-escritural, proyectados en el texto común. El habitual mayor tamaño de la firma respecto de las dimensiones grafológicas del texto común, obedece en gran medida a la carga emocional que conlleva la significación social de la firma, en tanto que auto-representación.

8.6. Por su parte, la dirección u orientación espacial de la línea en la firma, al igual que el tamaño, suele presentarse intensificada en cuanto a su grado de ascenso, siendo común encontrar firmas de dirección muy ascendente. En tal proyección gestual muy ascendente, reconocemos la cosmovisión adaptativa, el optimismo, la mirada positiva..., así como aspiraciones ambiciosas de una auto-imagen a menudo inflada y egocéntrica.

8.7. También la presión o pulsión escritural del trazado de la firma, suele presentar una mayor profundidad de surco, y como consecuencia, mayor calibre o grosor, así como un mayor relieve o contraste cromático. La intensificación a mayores de la firma en esta categoría —presión—, obedece al mismo motivo que las ya señaladas para tamaño y dirección, a un incremento energético motivado en la activación de la energía psíquica, debida a las connotaciones emocionales que el sentido psicológico de la firma conlleva.

8.8. Resultan de gran valor los contrastes de perfil grafonómico que observamos entre el texto común y la firma. Ambos registros de variables, puestos en relación uno con otro, nos van a mostrar un retrato psicológico significativamente más completo que el que presenta cada uno por separado.

8.9. La firma, su diseño y propiedades grafonómicas, posee su propia autonomía y es difícil de modificar o sustituir. Una vez que sus automatismos se hacen firmes y estables, evolucionarán o desarrollarán por sí mismos, afectados o condicionados por factores psicológicos inconscientes. No se debe tratar de esquivar el malestar o inquietud que provoca, en algunos casos, el espejo que supone la propia firma, huyendo de ella o queriendo forzar un nuevo diseño. Los rasgos desadaptativos o expresión de conflicto, aflorarán con seguridad de modos diferentes en los diseños de sustitución. La personalidad inconsciente no se deja engañar.

8.10. Una vez que la firma ha sido consolidada y plenamente asumida o adoptada, deberá evolucionar a partir de su propia "genética". Aceptar la propia firma es una manera más de aceptarse uno mismo. Por otro lado, aceptarse a sí mismo llevará hacia una aceptación plena de los rasgos y desarrollos de la propia firma.

FIG. 8.1.

Es la firma de mi padre, natural de Alhaurín de la Torre, en Málaga, quién debido a circunstancias relacionadas con la contienda civil española, nació en una cárcel malagueña. Vivió sus 4 primeros años de un modo poco habitual. La firma presenta una mayúscula inicial peculiar, enmarañada y sobre-representada, que tal vez connota imágenes psíquicas relativas tanto a vivencias remotas de su infancia, como a las narrativas que han hecho de soporte a una parte de su personalidad e historia personal.

CAPÍTULO 9

¿DÓNDE FIRMO? COORDENADAS SIMBÓLICAS EN EL ESPACIO ESCRITURAL

9.1. No es indiferente, desde un punto de vista grafopsicológico, dónde coloca o ubica su firma el escribiente —izquierda, centro, derecha— en relación al texto que suele precederla —la caja de texto—, así como la distancia a la que se coloca la firma respecto del texto.

9.2. La libertad de diseño y ejecución del trazado de la firma, permite todo tipo de excesos y variables "caprichosas".

Interesa observar atentamente en qué zona espacial tienen su mayor incidencia o protagonismo las diferentes vicisitudes del trazado. Qué se hace y dónde. Ésta será una apreciación grafológica de indudable utilidad para valorar e interpretar la firma.

9.3. Las contribuciones del psicólogo suizo Max Pulver a una mejor comprensión de los apriorismos de significado que solemos inconscientemente otorgarle al espacio: arriba, abajo, izquierda, derecha, centro..., tienen gran importancia en la comprensión grafológica de muchos fenómenos grafo-escriturales, tanto en el texto común, como en la firma, si bien en esta última, aún cobran una mayor relevancia dichas consideraciones.

9.4. Presentamos un esquema de dichas connotaciones de significado simbólico general, con la finalidad de orientar las valoraciones grafopsicológicas de texto y firmas. Ver Fig. 9.1.

9.5. La lectura grafológica de lo simbólico debe hacerse con mucha prudencia, sin aseveraciones injustificadas, y teniendo siempre en cuenta que el lenguaje simbólico es polisémico, conlleva significados diversos, y a menudo abraza los contrarios, sin atender la problemática dualista y excluyente característica del razonamiento consciente —lineal o secuencial—.

9.6. La zona espacial donde se concentre una mayor energía gráfica, esto es, donde ésta devenga en una presencia o imagen grafonómica claramente dominante, debe ser atendida teniendo en cuenta las connotaciones de significado simbólico asociables, en principio, a dicha zona.

9.7. Las proyecciones, orientaciones de trazado, desarrollos, representaciones gráficas, espacialidad preferente..., con afinidades hacia la zona superior, se hallan, en principio, vinculadas a un marco simbólico que connota todo cuanto imaginamos "arriba": el cielo, la luz, lo elevado, lo óptimo y superior. La autoridad, la razón, el éxito, la superación, la moral, los valores colectivos...

9.8. La zona inferior, por su parte, se vincula simbólicamente con representaciones colectivas e inconscientes que tienen que ver con la materialidad y lo instintivo. Es lo terrenal, lo ctonico y

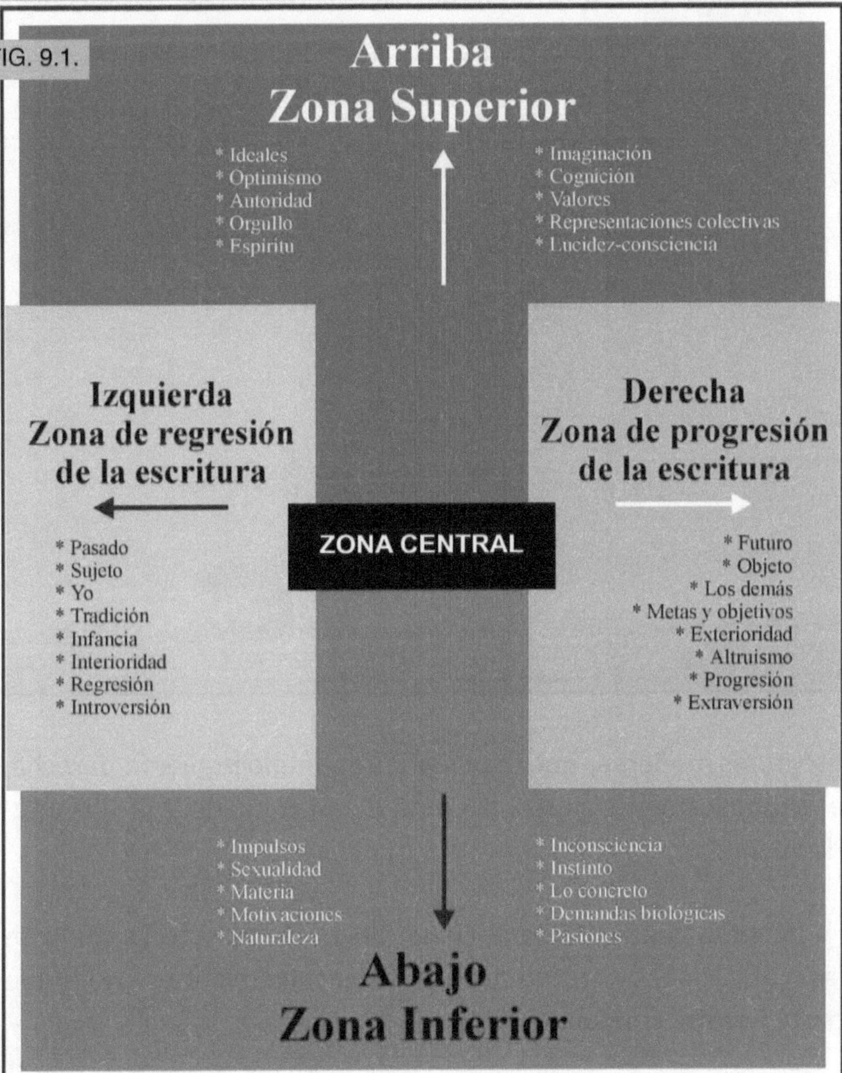

En el esquema de la Figura 9.1., podemos ver algunas de las representaciones colectivas asociadas con la espacialidad: arriba-abajo, izquierda-derecha, centro...; es importante disponer de alguna noción sobre el simbolismo zonal, porque nos ayudará a comprender mejor ciertos fenómenos grafo-escriturales cuya incidencia puede estar especialmente presente relacionada con una zona gráfica determinada.

abismal. Los atavismos de nuestra animalidad y vinculación con la naturaleza.9.9. La zona izquierda, especialmente significada en las

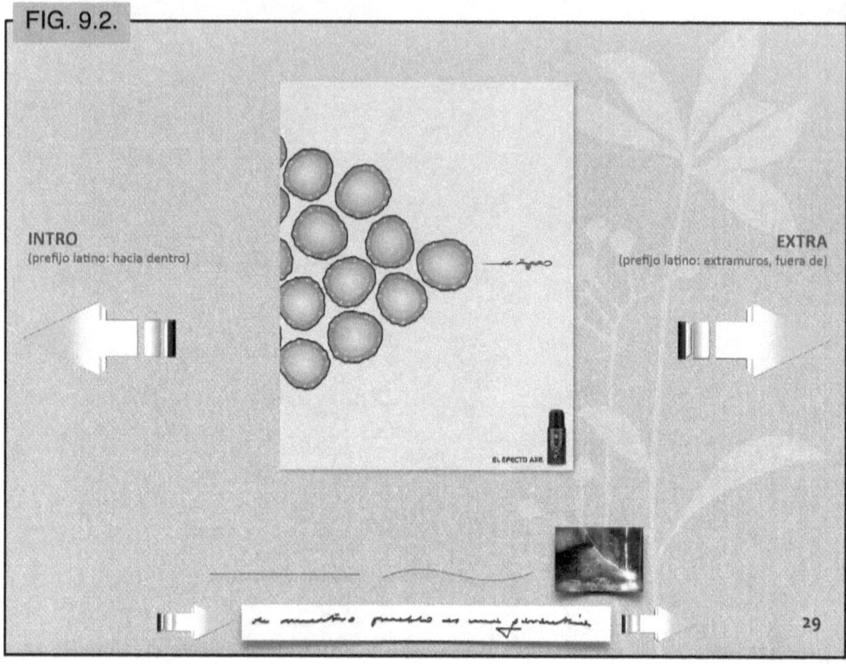

escrituras modernas que "caminan" en sentido izquierda-derecha, es simbólicamente alusiva del pasado, así como de la propia interioridad.

Alberga tanto representaciones del pasado histórico, como de las motivaciones y presupuestos —condicionamiento— de los que parte nuestra conducta.

9.10. Hacia la zona derecha se proyectan aquellas energías que se orientan a la realización y el contacto con la exterioridad. En dicha zona encontramos asimismo a los demás, al "otro". También en esa dirección se encuentra el futuro, es decir, "la idea o representación mental del futuro" que tiene cada escribiente. La disposición de los márgenes es también un buen indicador de los escenarios simbólicos mencionados.

9.11. La zona central, especialmente la que se refiere al cuerpo central de las letras en las palabras, es el marco simbólico del yo, en tanto que eje y centro de la personalidad consciente. Es también una representación gráfica del tiempo presente, así como de la intencionalidad.

El centro de la personalidad en las escrituras especialmente desarrolladas o evolucionadas, se expresa en la integración armoniosa de las zonas. Una especie de zona única, que testimonia de algún modo el proceso de individuación exitoso y funcional, implicando un desplazamiento del eje de la personalidad, del yo hacia el sí-mismo.

FIG. 9.3.

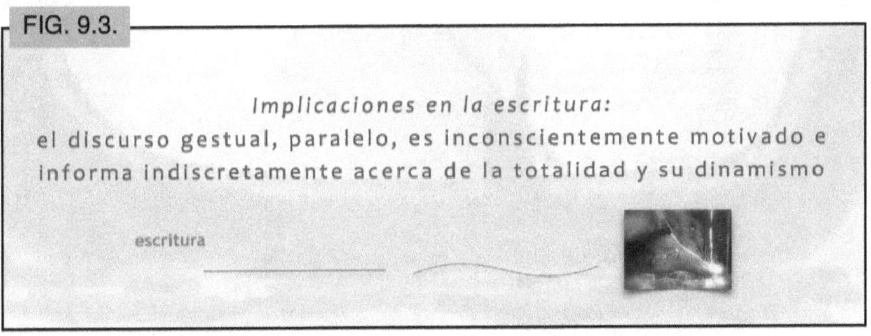

FIG. 9.4.

Escala orientativa para la evaluación de variables en la FIRMA / RÚBRICA

«Escala Likert»

1. poco / breve / escaso   2. moderado / medio / normal   3. bastante / notable / cierto
4. mucho / intenso / grande   5. máximo / excesivo / superlativo

EVALUACIÓN GRAFONÓMICA GENERAL DE LA FIRMA / RÚBRICA
- grado o nivel estimado de competencia grafo-escritural: _______
- grado o nivel de legibilidad: _______
- grado o nivel de expresividad —formniveau—: _______
- zona (o zonas) dominantes: _______
- grado o nivel de complejidad: _______
- grado o nivel de dinamismo: _______
- grado o nivel de personalización: _______
- grado o nivel de angulosidad-tensión: _______
- grado o nivel de curva-tensión: _______
- grado o nivel de complejidad / riqueza de la rúbrica: _______
- grado o nivel de sobrealzamiento de la zona media: _______
- grado o nivel de discrepancia firma / texto común: _______
- grado o nivel de ascenso / descenso de la línea: _______
- componentes destacados (nombre, apellido, variables...): _______
- extensión y procedencia de trazos de inicio y final: _______

GRAFONOMÍA DE LA FIRMA (variables)
- gestos gráficos destacados: _______
- orientación y cualidades de la línea de pauta: _______
- ubicación, espaciado y proporcionalidad: _______
- tamaño (de zona media y absoluto): _______
- anchura y amplitud: _______
- estilo y formas destacadas: _______
- velocidad y tipo de movimiento: _______
- inclinación de las letras: _______
- características de cohesión: _______
- características de la presión: _______
- armonía del conjunto firma / rúbrica: _______
- formniveau (diferenciación progresiva): _______
- firma en dos o más niveles: _______
- firma en mayúsculas: _______

GRAFONOMÍA DE LA RÚBRICA (variables)
- rúbrica subrayante: _______
- rúbrica envolvente: _______
- rúbrica enmarañada: _______
- rúbrica tachando firma: _______
- sin-rúbrica: _______
- rúbrica de planificación: _______
- rúbrica de inicio y por zona superior: _______
- rúbrica enmarcando firma entre dos rayas: _______
- punto al final: _______
- lazos o tirabuzones al final: _______
- rúbrica complicada / ornamentada: _______
- rúbrica de cierre en diagonal: _______
- rúbrica con angulosidad proyectada a la derecha: _______
- rúbrica con angulosidad proyectada a la izquierda: _______
- rúbrica con angulosidad proyectada a derecha e izquierda: _______
- firma de desarrollo filiforme: _______
- exclusivamente iniciales: _______
- rúbrica de extensión / proyección desmedida: _______
- gestos de mando: _______
- predominio del trazado vertical / horizontal: _______
- otros tipos de rúbrica (describir): _______

CAPÍTULO 10

INTERPRETACIÓN GRAFOPSICOLÓGICA DE LA CONDUCTA ESCRITURAL

10.1. Desde mi modesto y humilde punto de vista, ningún gesto o fenómeno grafológico observable en la escritura significa per se, absolutamente nada. Esto no quiere decir, que no seamos capaces de inferir rasgos de personalidad, aptitudes, patrones de actitud y circunstancias anímicas presentes en la gestualidad grafo-escritural.

10.2. Sin duda, al escribir, nos expresamos gestualmente. Manifestamos inconscientemente preferencias, y es en tales expresiones en las que podemos reconocer cualidades y características atribuibles al sujeto que escribe.

10.3. Precisamos de dos momentos o pasos en el proceso de análisis y valoración grafológica de una escritura o firma. Por un lado, reconocer mediante observación las diferentes variantes de escritura que cada escribiente va a generar mediante su acto comunicacional manuscrito o autográfico. Y por otro, relacionar el conjunto de variables identificado, con patrones de actitud y de conducta, más o menos generales —arquetípicos—.

10.4. El reconocimiento de las variables en juego, presupone en el analista el conocimiento y reconocimiento de aquellas características que resultan representativas de un determinado patrón o síndrome grafonómico. Un ejemplo podría ser, saber identificar los rasgos que definen el tipo de escritura "combinada", desde una perspectiva categorial relativa a los fenómenos cohesivos, o bien, siguiendo en esa misma categoría, la escritura "desligada" o "yuxtapuesta".

10.5. Para devenir competente en tal reconocimiento de variables, no existe otro camino que el de un entrenamiento perceptual guiado que relacione las características gráficas de los citados patrones grafonómicos, con ejemplos reales de escrituras que cumplan dichas condiciones. El adiestramiento en un adecuado reconocimiento de escrituras, es el componente central o principal de toda formación grafológica eficaz.

10.6. El siguiente paso en la operativa grafopsicológica, consiste en inferir rasgos de personalidad, actitudes y competencias psicológicas, a partir de perfiles grafo-escriturales reconocidos y puestos en relación unos con otros, es decir, del combinado de los mismos. Es aquí donde las habilidades del analista, sus conocimientos y experiencia con escrituras, así como su grado de auto-conocimiento y desarrollo individuativo, y por supuesto, su intuición, juegan un papel relevante y decisivo.

10.7. Al igual que señalamos la necesidad de un reconocimiento experiencial para la identificación de escrituras-tipo, precisamos de un entrenamiento perceptivo y relacional, que nos ayude a vincular patrones grafo-escriturales típicos, con actitudes y rasgos de la personalidad. Tal entrenamiento debe hacerse de la mano de un experto, de cuyas explicaciones pueda adoptarse el tipo de razonamiento grafopsicológico adecuado.

10.8. Asimismo, una vez que hayamos desarrollado las citadas habilidades, resultará muy conveniente disponer de constructos psicológicos adecuados que nos permitan describir perfiles de personalidad válidos y útiles a los destinatarios de nuestros informes. Aunque se pueden reseñar todo tipo de apreciaciones caracterológicas y de temperamento, hay modelos actualizados de personalidad que pueden ayudarnos en la citada tarea, aportando constructos hipotéticos de reconocida solvencia en la descripción de la personalidad humana.

10.9. El modelo de los cinco grandes —Big Five— es mi propuesta básica para la perfilación de los aspectos o facetas de la personalidad que mejor conviene manejar en nuestros informes de personalidad. Cuenta con un grado de aceptación y universalidad por encima de cualquier otro modelo, y abarca todas aquellas facetas que resultan eficazmente descriptivas de las diferentes tipologías psicológicas.

10.10. En los procesos de selección de personal, hay también una serie de factores descriptivos generales que nos pueden servir de base —siempre susceptible de enriquecimiento—, para caracterizar al candidato que opta a un puesto de trabajo determinado. También podremos manejar otros constructos/criterio generales, que nos sirvan de referencia descriptiva, como la adaptabilidad, el equilibrio psicológico o el grado de desarrollo individuativo. (Ver diagrama de flujo)

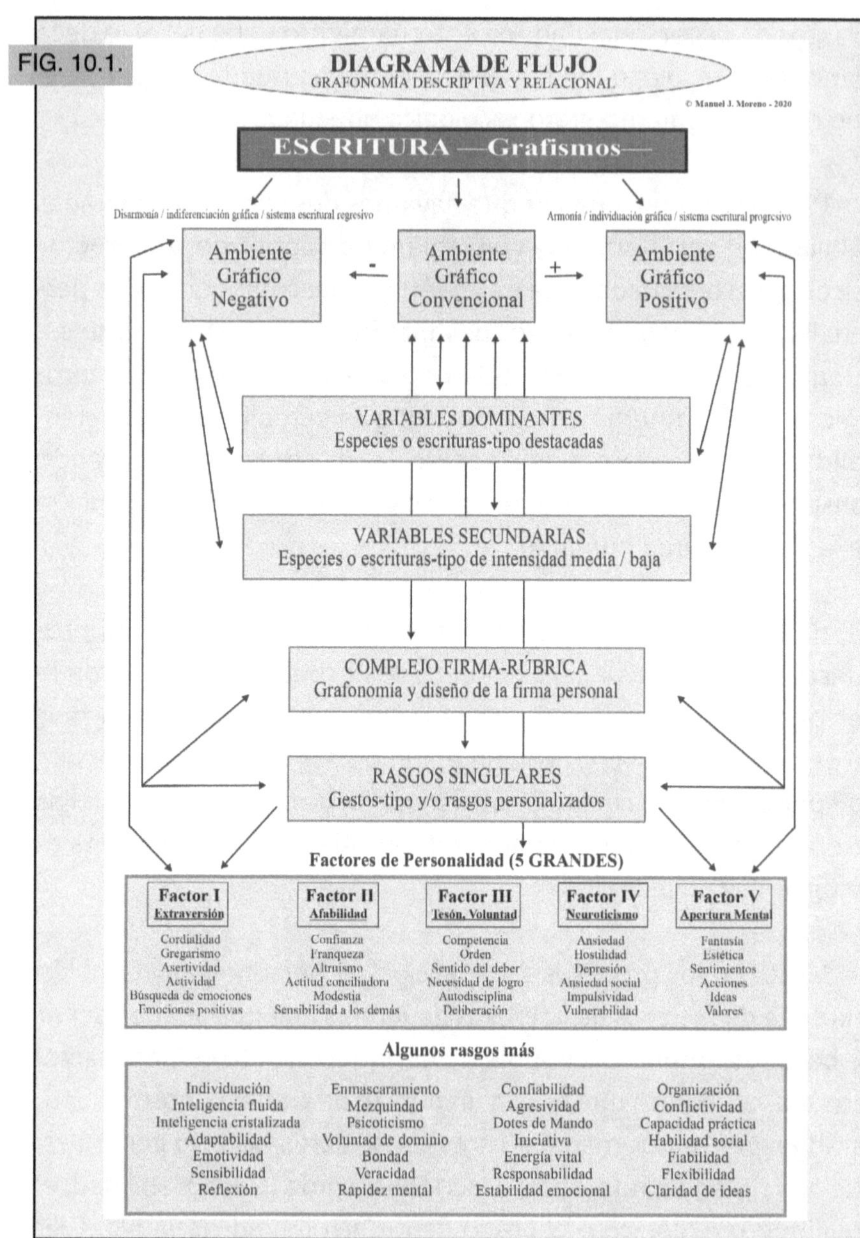

FIG. 10.1.
DIAGRAMA DE FLUJO
GRAFONOMÍA DESCRIPTIVA Y RELACIONAL
© Manuel J. Moreno - 2020
ESCRITURA —Grafismos—
Disarmonía / indiferenciación gráfica / sistema escritural regresivo
Armonía / individuación gráfica / sistema escritural progresivo
Ambiente Gráfico Negativo
-
Ambiente Gráfico Convencional
+
Ambiente Gráfico Positivo
VARIABLES DOMINANTES
Especies o escrituras-tipo destacadas
VARIABLES SECUNDARIAS
Especies o escrituras-tipo de intensidad media / baja
COMPLEJO FIRMA-RÚBRICA
Grafonomía y diseño de la firma personal
RASGOS SINGULARES
Gestos-tipo y/o rasgos personalizados
Factores de Personalidad (5 GRANDES)
Factor I
Extraversión
Factor II
Afabilidad
Factor III
Tesón. Voluntad
Factor IV
Neuroticismo
Factor V
Apertura Mental
Cordialidad
Gregarismo
Asertividad
Actividad
Búsqueda de emociones
Emociones positivas
Confianza
Franqueza
Altruismo
Actitud conciliadora
Modestia
Sensibilidad a los demás
Competencia
Orden
Sentido del deber
Necesidad de logro
Autodisciplina
Deliberación
Ansiedad
Hostilidad
Depresión
Ansiedad social
Impulsividad
Vulnerabilidad
Fantasía
Estética
Sentimientos
Acciones
Ideas
Valores
Algunos rasgos más
Individuación
Inteligencia fluida
Inteligencia cristalizada
Adaptabilidad
Emotividad
Sensibilidad
Reflexión
Enmascaramiento
Mezquindad
Psicoticismo
Voluntad de dominio
Bondad
Veracidad
Rapidez mental
Confiabilidad
Agresividad
Dotes de Mando
Iniciativa
Energía vital
Responsabilidad
Estabilidad emocional
Organización
Conflictividad
Capacidad práctica
Habilidad social
Fiabilidad
Flexibilidad
Claridad de ideas

CAPÍTULO 11

PROGRESIÓN Y REGRESIÓN EN LA ESCRITURA. LA RELEVANCIA DEL AMBIENTE GRÁFICO

11.1. Un concepto grafológico que conviene tener claro y presente en la evaluación de las escrituras, es el de grafonomía progresiva o regresiva —escritura progresiva / regresiva—. Se trata de un criterio que requiere de una doble observación grafológica: la que hacemos desde una perspectiva global o molar —el escrito como totalidad, "el bosque"— y la valoración analítica o molecular —las diferentes cualidades que presenta la escritura, "el árbol"—

11.2. La condición grafológica progresiva se refiere a aquellas variables grafonómicas —modos y maneras típicas de escribir— que evidencian funcionalidad grafoescritural, así como una ratio normatividad/personalización que denota desarrollo creativo, simplificación funcional, espontaneidad y armonía o equilibrio entre las distintas partes o componentes de la escritura.

11.3. Las escrituras regresivas, por su parte, son aquellas en las que la subjetividad del escribiente afecta la conducta escritural perjudicando su funcionalidad. En cada una de las categorías grafonómicas encontramos variables —o escrituras-tipo— que resultan más afines a una u otra condición —progresiva / regresiva—, debiendo aclarar rápidamente, que la condición regresiva depende no sólo de la presencia de la variable en cuestión, sino, sobre todo, de su protagonismo o condición de especie dominante.

11.4. La escritura progresiva puede presentar rasgos regresivos manteniendo su estatus de escritura progresiva, así como una escritura regresiva puede y suele mostrar rasgos progresivos. Necesitamos diferenciar bien lo que es un rasgo progresivo/regresivo, de lo que supone un síndrome progresivo/regresivo, es decir, de lo que son escrituras que en su conjunto pueden calificarse en dichos términos.

11.5. Tampoco debemos perder de vista que un gran número de escrituras, no son particularmente calificables ni de una cosa ni de otra, sino que corresponden a la "normalidad", presentando un tipo de ambiente gráfico convencional.

11.6. El ambiente gráfico positivo o favorable —armonioso— que presente una escritura, reportará al evaluador un criterio suficiente para presuponer un cierto orden actitudinal adaptativo.

El sentido u orientación interpretativa que le demos a los rasgos o variables de la escritura objeto de nuestro análisis, vendrá condicionado por el aspecto que presente la escritura como conjunto, y por tanto, por la incidencia en la misma de rasgos progresivos o regresivos.

11.7. El ambiente gráfico negativo o desfavorable —disarmónico—, pondrá de manifiesto la incidencia en la escritura de gestualidad problemática procedente de complejos inconscientes, así como de actitudes poco adaptativas o inadecuadas. Un exceso en la intensidad del rasgo regresivo será a menudo indicador de psicopatología, si bien la escritura de rasgos progresivos no descarta la existencia de trastornos psicopatológicos.

11.8. Aunque podría parecer un asunto complejo, en la práctica y con un poco de entrenamiento experiencial, resulta fácil apreciar el ambiente gráfico de una escritura a partir de sus rasgos progresivos o regresivos predominantes.

11.9. En resumen, un rasgo regresivo es aquel que resulta superfluo o innecesario al entramado grafoescritural, reduciendo o perjudicando la funcionalidad de la escritura, su desarrollo y fundamento comunicacional.

Muchos de tales rasgos o variables, son expresión de complejos inconscientes, en tanto que modos de pensar / sentir desadaptativos, faltos de objetividad y realismo. Se podría afirmar por ello, que muchos de tales rasgos regresivos comportan una fuerte carga de subjetividad conflictual.

11.10. Las escrituras de ambiente gráfico favorable —progresivas—, justifican una orientación interpretativa de variables o especies gráficas positiva, en tanto que forman parte y contribuyen a la orquestación armoniosa del conjunto o totalidad escritural, esto es, del sí-mismo escritural —«sí-mismo» es el término utilizado por Jung para referirse al arquetipo de la totalidad y del significado—.

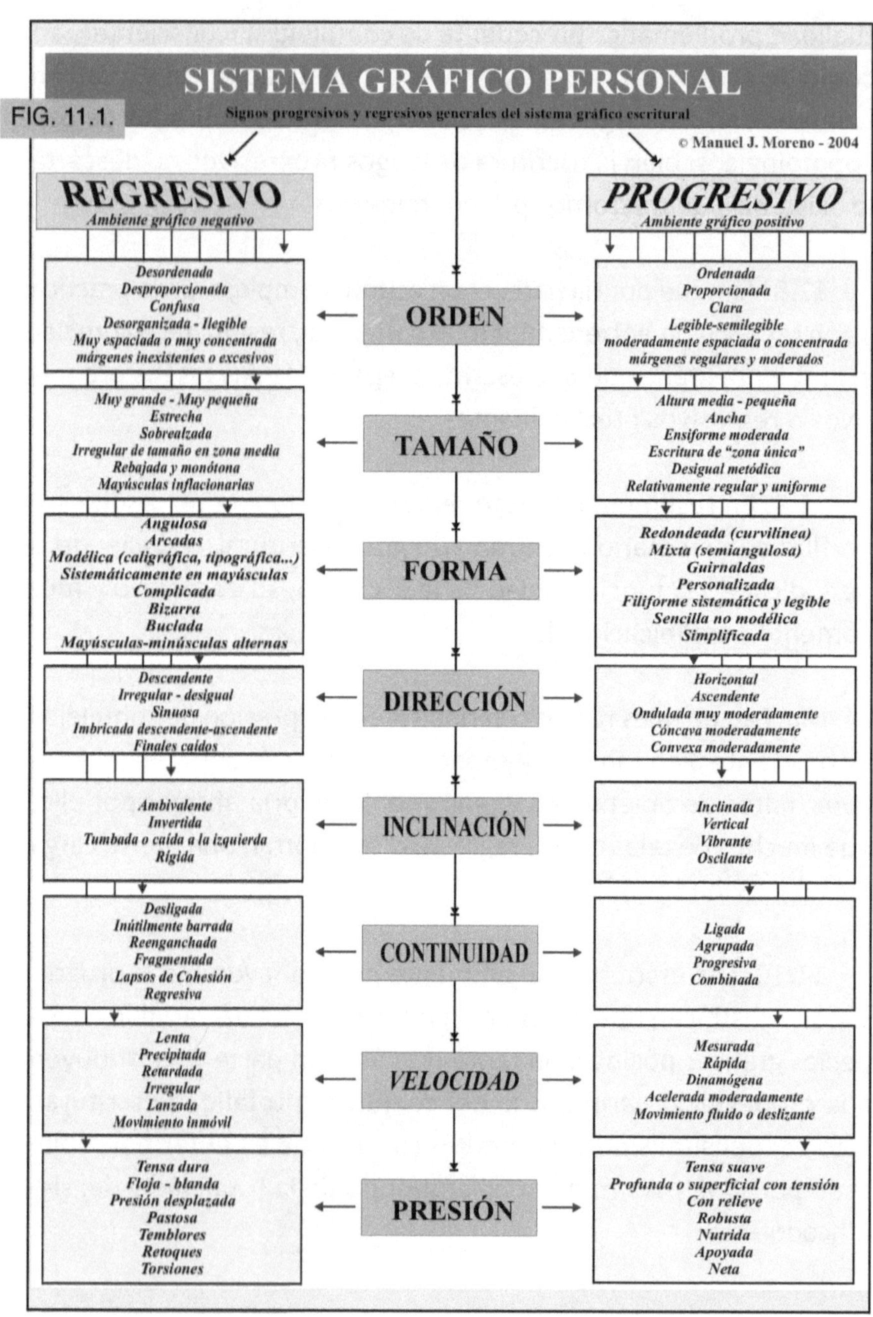

SISTEMA GRÁFICO PERSONAL
Signos progresivos y regresivos generales del sistema gráfico escritural
FIG. 11.1.
© Manuel J. Moreno - 2004

REGRESIVO
Ambiente gráfico negativo

PROGRESIVO
Ambiente gráfico positivo

Desordenada
Desproporcionada
Confusa
Desorganizada - Ilegible
Muy espaciada o muy concentrada
márgenes inexistentes o excesivos

ORDEN

Ordenada
Proporcionada
Clara
Legible-semilegible
moderadamente espaciada o concentrada
márgenes regulares y moderados

Muy grande - Muy pequeña
Estrecha
Sobrealzada
Irregular de tamaño en zona media
Rebajada y monótona
Mayúsculas inflacionarias

TAMAÑO

Altura media - pequeña
Ancha
Ensiforme moderada
Escritura de "zona única"
Desigual metódica
Relativamente regular y uniforme

Angulosa
Arcadas
Modélica (caligráfica, tipográfica...)
Sistemáticamente en mayúsculas
Complicada
Bizarra
Buclada
Mayúsculas-minúsculas alternas

FORMA

Redondeada (curvilínea)
Mixta (semiangulosa)
Guirnaldas
Personalizada
Filiforme sistemática y legible
Sencilla no modélica
Simplificada

Descendente
Irregular - desigual
Sinuosa
Imbricada descendente-ascendente
Finales caídos

DIRECCIÓN

Horizontal
Ascendente
Ondulada muy moderadamente
Cóncava moderadamente
Convexa moderadamente

Ambivalente
Invertida
Tumbada o caída a la izquierda
Rígida

INCLINACIÓN

Inclinada
Vertical
Vibrante
Oscilante

Desligada
Inútilmente barrada
Reenganchada
Fragmentada
Lapsos de Cohesión
Regresiva

CONTINUIDAD

Ligada
Agrupada
Progresiva
Combinada

Lenta
Precipitada
Retardada
Irregular
Lanzada
Movimiento inmóvil

VELOCIDAD

Mesurada
Rápida
Dinamógena
Acelerada moderadamente
Movimiento fluido o deslizante

Tensa dura
Floja - blanda
Presión desplazada
Pastosa
Temblores
Retoques
Torsiones

PRESIÓN

Tensa suave
Profunda o superficial con tensión
Con relieve
Robusta
Nutrida
Apoyada
Neta

CAPÍTULO 12

CRITERIOS PARA LOS PROCESOS
DE SELECCIÓN DE PERSONAL

12.1. La valoración grafopsicológica de candidatos en el ámbito laboral requiere de la máxima prudencia y atino por parte del analista grafólogo.

No se debe entrar en cuestiones que no resulten pertinentes a lo que la empresa o institución demande conocer o pronosticar del candidato, en aras de tomar la decisión de contar o no con el mismo.

12.2. Lo que se requiere de nuestro criterio e informes es una panorámica general de la personalidad del candidato, especialmente desde tres puntos vista: su actitud general ante la vida, sus aptitudes naturales o constitucionales —incluyendo temperamento— ante los demás y las circunstancias, y sus competencias en cuanto a adaptabilidad/flexibilidad/estabilidad/continuidad de propósitos...

12.3. Para no incurrir en conjeturas excesivas e inconsistencias, deberemos atenernos estrictamente a ofrecer una visión grafológica muy general del candidato, absteniéndonos de hacer apreciaciones de excesivo detalle, sin que estén debidamente justificadas por variables grafológicas de significación muy evidente y redundante —diversos rasgos escriturales reconocibles en el escrito y relacionables, en una u otra medida, con una misma cuestión, en cuanto a su orientación psicológica—.

12.4. Las áreas o facetas sobre las que nos detendremos las hemos detallado en la escala o instrumento que hemos confeccionado al efecto. Estas áreas son las relativas a habilidades y competencias intelectuales, diferentes pre-disposiciones de actividad, área de relación con los demás y aptitudes para el puesto que se ofrece o al que se aspira. Los pormenores de cada una de estas áreas son reseñadas en la escala que ofrecemos a continuación —ver Fig. 12.1.—.

12.5. En el área de inteligencia general haremos las debidas estimaciones acerca de la inteligencia como constructo general, las aptitudes para discernir, comprender y exponer las cosas, así como el nivel de inteligencia —cociente intelectual estimado (CI)—, si es alto, medio o bajo—. También la claridad de ideas, la rapidez en el procesamiento de la información y en las reacciones, la reflexión en tanto que habilidades para sopesar, medir, relacionar. También la capacidad de organización, buscando matizar si esta habilidad se relaciona más con lo global o con el detalle. Creatividad, pensamiento divergente y orientación productiva (E. Fromm).

12.6. En el área de actividad encontraremos constructos como los relacionados con la energía vital —libido o vis natura—, esto es, el caudal energético susceptible de ser transformado en actividad. El dinamismo en tanto que cualidad de la persona para idear y emprender. También la predisposición a la actividad. La iniciativa y los recursos personales, especialmente frente a dificultades que requieren respuestas inmediatas y eficaces. La constancia y perseverancia, continuidad de propósitos y hábitos disciplinados saludables, lo que presupone un desarrollo de la personalidad en el terreno de lo volitivo —voluntad—.

También el nivel de pragmatismo o capacidad para confrontarse con los asuntos de una manera realista y resolutiva. Finalmente, en esta área nos pronunciaremos sobre la responsabilidad en tanto que nivel estimado de consciencia de las propias obligaciones.

12.7. El área relativa a la relación con los demás recoge aspectos como la capacidad de adaptación al ambiente, la diplomacia en el trato, la corrección y cuidado de las formas en las relaciones, actitudes de flexibilidad y tolerancia, así como el nivel estimado de asertividad del escribiente. También nos pedirán a menudo que valoremos la fiabilidad o confiabilidad, algo que no resulta fácil de estimar, debiendo valernos del grado de desarrollo o individuación que podamos apreciar en la conducta escritural, en la confianza de que un mayor grado de autenticidad y completud, resultará más afín a las conductas confiables, que los estadios de desarrollo de la personalidad más conflictivos y éticamente insolventes.

12.8. El grado o nivel de adaptabilidad, emotividad, estabilidad emocional y agresividad, son aspectos de interés para la valoración grafopsicológica de los candidatos a un puesto de trabajo en selección de personal.

Podremos estimarlos en un alto porcentaje de escrituras. Por último, además de realizar alguna otra apreciación de rasgos relevantes que hayamos observado en la escritura, y siempre que éstos resulten pertinentes al proceso, haremos un resumen o síntesis de los pros y contras de las cualidades del candidato, siempre —insisto— en relación al cargo al que se aspira.

12.9. Cuando esto resulte posible, conviene disponer de un feedback de nuestra intervención. Algo que podremos hacer mediante conversación detallada con los responsables de la solicitud del análisis grafológico. Normalmente dichos responsables tienen información e impresiones de primera mano, por haber tenido acceso mediante entrevista, recomendaciones de terceros u otros medios, a detalles específicos de las circunstancias y características del candidato. Dicho contraste de impresiones dará un importante soporte a nuestros criterios grafológicos, reforzando las correlaciones grafismo / personalidad que hayamos apreciado en nuestros análisis.

12.10. Si se trata de varios candidatos, es decir, de varios escritos destinados al análisis grafológico, resultará de gran utilidad que mostremos y justifiquemos en términos grafológicos, nuestra preferencia de perfil por uno, dos o varios de los candidatos propuestos. Si el análisis ha sido el adecuado y las impresiones de los responsables de la empresa también, encontraremos una coincidencia y complementariedad en una abrumadora mayoría de nuestras intervenciones.

12.11. Por último, puede resultar de interés complementar la escritura y firma autográfica del candidato, con algunas pruebas proyectivas como el test del árbol. Se le ofrecerán 4 folios desnudos —blancos— al candidato, con las indicaciones de que dibuje un árbol en cada uno, con plena libertad de diseño. El tercero de los árboles deberá ser un árbol que no exista. En el cuarto folio, se hará una redacción de las características y cualidades que le parezca tener el segundo de los árboles dibujados. El análisis de tales dibujos puede seguir perfectamente las coordenadas interpretativas del sistema grafonómico / grafológico.

También su redacción nos ofrece a menudo interesantes aportaciones desde una lectura psico-lingüística, teniendo en cuenta que el árbol es a menudo una imagen mitologética proyectada del propio sujeto, de cómo se ve y aprecia a sí mismo —auto-concepto y auto-estima.

A continuación, en las siguientes páginas, ilustramos con un instrumento estructurado, el modo de valorar las características del candidato en una selección de personal.

FIG. 12.1.

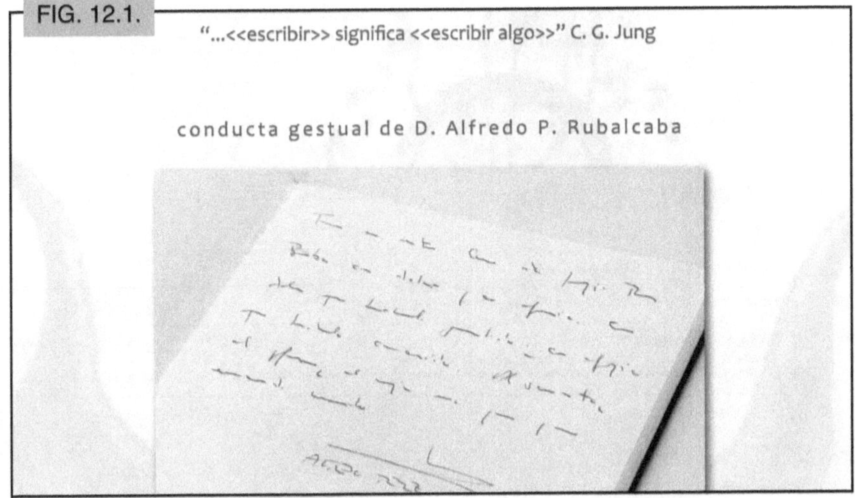

FIG. 12.2.

2

INSTITUTO GRAFOLOGÍA ANALÍTICA	CONFIDENCIAL

ÁREA INTELECTUAL

	MUY BAJO	BAJO	MEDIO	ALTO	MUY ALTO
INTELIGENCIA GENERAL nivel de inteligencia: alto, medio-alto, bajo. Y la aptitud para comprender, discernir y explicar las cosas					
CLARIDAD DE IDEAS					
RAPIDEZ MENTAL ritmo de asimilación y de comprensión					
REFLEXIÓN previsión de consecuencias derivadas de actos y obtención de conclusiones útiles basadas en sopesar, medir, comparar...					
CAPACIDAD ORGANIZADORA Se matizan posteriormente dos tipos de organización, la global y la de detalle					
CREATIVIDAD pensamiento-actividad divergente y productivo					

ÁREA DE ACTIVIDAD

	MUY BAJO	BAJO	MEDIO	ALTO	MUY ALTO
ENERGÍA VITAL caudal energético o energía potencial de la persona susceptible de ser transformada en actividad					
DINAMISMO Cualidad de la persona capaz de idear, inventar o emprender cosas. Tendencia innata a la actividad y al impulso emprendedor					
INICIATIVA Y RECURSOS PERSONALES Recursos personales a poner en juego en los momentos de mayor dificultad					
CAPACIDAD PARA IMPROVISAR **Y RESOLVER SOBRE LA MARCHA**					
CONSTANCIA, PERSEVERANCIA apego a una línea de conducta, a unos hábitos, y a un no dejarse vencer por las dificultades, ni cansarse con facilidad de trabajar o luchar					
CAPACIDAD PRÁCTICA capacidad para resolver los problemas prácticos que se le planteen y como capacidad para descender de los razonamientos teóricos a las realidades prácticas					

G. 12.3.

3

INSTITUTO GRAFOLOGÍA ANALÍTICA   <u>CONFIDENCIAL</u>

ÁREA DE ACTIVIDAD

	MUY BAJO	BAJO	MEDIO	ALTO	MUY ALTO
RESPONSABILIDAD nivel de consciencia de las propias obligaciones y disposición para obrar en consecuencia, asumiendo el compromiso de rendir cuentas					
ACTIVIDAD					

ÁREA DE RELACIÓN CON LOS DEMÁS

	MUY BAJO	BAJO	MEDIO	ALTO	MUY ALTO
ADAPTACIÓN AL AMBIENTE capacidad para adaptarse a diversos ambientes					
DIPLOMACIA EN EL TRATO Habilidad en el trato con el fin de conseguir los propósitos. Capacidad para mostrar el lado más atractivo de las cosas. Capacidad de seducción					
HABILIDAD SOCIAL corrección, cuidado de la forma, de la imagen...					
FLEXIBILIDAD Y TOLERANCIA					
ASERTIVIDAD persona que pone en juego una serie de habilidades conductuales que le permiten ser respetuoso con los demás pero lograr sus objetivos					
FIABILIDAD					
ADAPTABILIDAD					
EMOTIVIDAD					
ESTABILIDAD EMOCIONAL					
AGRESIVIDAD					

FIG. 12.4.

INSTITUTO GRAFOLOGÍA ANALÍTICA				CONFIDENCIAL
	MUY BAJO	BAJO	MEDIO	ALTO	MUY ALTO
APTITUD PARA EL CARGO					

VALORACIÓN GENERAL

CAPÍTULO 13

MODELO DE LOS 5 GRANDES. FACTORES Y FACETAS

13.1. Manejar una terminología adecuada a la interpretación psicológica de las escrituras, es importante, sobre todo si queremos emplear descriptores terminológicos actualizados, y no quedarnos rezagados en modelos que ya no se utilizan normalmente, ni en el ámbito académico ni en la propia sociedad, habiéndose quedado por ello, obsoletos.

13.2. Uno de los modelos que en la actualidad cuenta con mayor aceptación y que es utilizado en muchos diseños de investigación en psicología, es el modelo de los 5 grandes. Costa y McCrae (1999) entienden la personalidad como una serie de tendencias básicas de conducta que influyen en nuestros pensamientos, emociones y actitudes. Con origen biológico, va desarrollándose desde la niñez hasta convertirse en una estructura estable en la etapa adulta.

13.3. Las dimensiones propuestas por este modelo son Neuroticismo (emotividad negativa), Extraversión (sociabilidad y emotividad positiva), Apertura mental (curiosidad cultural e intelectual),

Afabilidad (confianza interpersonal y simpatía), y Tesón o voluntad (control de impulsos y organización).

13.4. Los sujetos caracterizados por Neuroticismo "...tienden a experimentar afectos negativos como ansiedad, miedo, vergüenza, rabia, etc.; aunque el Neuroticismo no trata sólo de emociones negativas que interfieren con la adaptación, las personas con alto Neuroticismo suelen tener ideas irracionales y dificultades para enfrentar situaciones de estrés, mientras que las personas con bajo Neuroticismo son calmadas, y no pierden fácilmente el control en situaciones de estrés."

13.5. La Extraversión "...representa uno de los polos de introversión-extraversión ideados por Jung. Esta dimensión incluye la sociabilidad, aunque ésta es sólo un componente más de esta dimensión. Los extravertidos son asertivos, activos y conservadores; gustan de la excitación y la estimulación, siendo energéticos y optimistas.

El polo introvertido no es lo opuesto de la extraversión, sino que se concibe como la ausencia de extraversión. Los introvertidos suelen ser reservados, pero no huraños, calmados más que indolentes, prefieren estar solos, pero no por ansiedad social, y no son necesariamente, ni infelices ni pesimistas."

13.6. Los elementos constituyentes de la Apertura a la experiencia "...son la imaginación activa, la sensibilidad estética, la atención a las vivencias internas, el gusto por la variedad, curiosidad intelectual e independencia de juicio.

El individuo abierto es original e imaginativo, curioso por el medio externo e interno, con una vida experiencialmente más rica, e interesado por ideas nuevas y valores no convencionales. En su polo opuesto, el individuo tiende a ser convencional en su conducta y apariencia, prefiriendo lo familiar, a lo novedoso, siendo social y políticamente conservadores."

13.7. El Factor Afabilidad "...en su polo positivo, retrata al individuo altruista, considerado, confiado y solidario. En su polo opuesto el individuo es egocéntrico, escéptico y competitivo. Otra definición de esta dimensión, es denominada por sus autores como Complacencia amistosa versus No complacencia hostil (Dingman y Takemoto-chock, 1981). Su polo positivo refiere a la docilidad, así como a la capacidad de establecer relaciones interpersonales amistosas; su polo negativo, se relaciona con la tendencia a establecer relaciones hostiles."

13.8. Por último, la dimensión relativa a Tesón o voluntad —responsabilidad— "...tiene sus bases en el autocontrol, no sólo de impulsos sino también a la planificación, organización y ejecución de tareas.

Por esta razón a este factor también se le ha denominado como "voluntad de logro", ya que implica una planificación cuidadosa y orientada a metas. (...) El sujeto que puntúa alto en esta dimensión, es voluntarioso y determinado, de propósitos claros. El polo opuesto es más laxo, informal y descuidado en sus principios morales."

FIG. 13.1.

Evaluación grafológica en relación al modelo de los cinco superfactores (cinco grandes)

E.G.C.G. E.G.C.G. © Manuel J. Moreno - 2004

FACTOR - I
Extraversión

Puntuación baja	*En general*	*Puntuación alta*
Reservado, interiorizado, tímido, silencioso, tranquilo, sobrio, solitario, actitud reflexiva, orientado hacia el mundo interior, se busca satisfacción en el mundo interior...	*Rasgo de personalidad cuya orientación fundamental se dirige al exterior (puntuación alta); intensidad en las relaciones entre personas; necesidad de estimulación, nivel de actividad, orientación al disfrute.*	*Orientación hacia el objeto, actividad, sociabilidad, asertividad, personalidad volcada hacia el mundo exterior, optimismo, adaptación rápida al ambiente, hablador, abierto, entusiasta, presuntuoso...*

Facetas del Factor I · "E":

E1- Cordialidad *(afectuoso y empático, facilidad para establecer vínculos con los demás)*
E2- Gregarismo *(se opta habitualmente por el contacto grupal, sociabilidad)*
E3- Asertividad *(autoafirmación en la expresión de las emociones y la conducta en general)*
E4- Actividad *(tendencia a la acción y a mantenerse ocupado)*
E5- Búsqueda de emociones *(necesidad de sentirse estimulado y activado)*
E6- Emociones positivas *(dinamismo y energía, ánimo positivo, optimismo)*

E1- Cordialidad *(afectuoso y empático, facilidad para establecer vínculos con los demás)*

E2- Gregarismo *(se opta habitualmente por el contacto grupal, sociabilidad)*

E3- Asertividad *(autoafirmación en la expresión de las emociones y la conducta en general)*

E4- Actividad *(tendencia a la acción y a mantenerse ocupado)*

E5- Búsqueda de emociones *(necesidad de sentirse estimulado y activado)*

E6- Emociones positivas *(dinamismo y energía, ánimo positivo, optimismo)*

Evaluación grafológica en relación al modelo de los cinco superfactores (cinco grandes)

E.G.C.G.

FACTOR - II
Afabilidad

E.G.C.G. © Manuel J. Moreno - 2004

Puntuación baja	*En general*	*Puntuación alta*
Personalidad fría y áspera, hostil, egoísta, severa e intransigente. Cinismo, irritabilidad, suspicacia, rudeza, rencor, descortesía. Sujetos no dispuestos a apoyar ni cooperar con los demás.	*Relaciones interpersonales en su dimensión o aspecto cualitativo, esto es, las cualidades que el sujeto presenta como aptitudes para la relación con los demás. Generosidad, compasión, empatía, sensibilidad, humanismo, indulgencia, veracidad, cordialidad, cooperación, amor, sociabilidad...*	*Personas confiadas, afables, sociables, bondadosas, dispuestas a ayudar, altruistas, empáticas. Credulidad, disposición no rencorosa, indulgente, gentil. Sujetos sensibles a la vida y circunstancias ajenas.*

___Facetas del Factor II · "A":___

A1- Confianza *(credulidad, confianza, se piensa que los demás son honestos)*
A2- Franqueza *(actitud y disposición fundamentalmente veraz y sincera)*
A3- Altruismo *(se piensa en los demás; humanismo, generosidad, complacencia en el bien ajeno)*
A4- Actitud conciliadora *(tendencia a la acción cooperativa, colaborar o ayudar a los demás)*
A5- Modestia *(sencillez, aceptación de uno mismo, también podría indicar baja autoestima)*
A6- Sensibilidad a los demás *(simpatía y facilidad para el contacto con los demás; sensibilidad)*

A1- Confianza *(credulidad, confianza, se piensa que los demás son honestos)*

A2- Franqueza *(actitud y disposición fundamentalmente veraz y sincera)*

A3- Altruismo *(se piensa en los demás; humanismo, generosidad, complacencia en el bien ajeno)*

A4- Actitud conciliadora *(tendencia a la acción cooperativa, colaborar o ayudar a los demás)*

A5- Modestia *(sencillez, aceptación de uno mismo, también podría indicar baja autoestima)*

A6- Sensibilidad a los demás *(simpatía y facilidad para el contacto con los demás; sensibilidad)*

FIG. 13.3.

Evaluación grafológica en relación al modelo de los cinco superfactores (cinco grandes)

E.G.C.G

FACTOR - III
Tesón, voluntad

E.G.C.G. © Manuel J. Moreno - 2004

Puntuación baja	*En general*	*Puntuación alta*
Sujetos carentes de objetivos, indolentes, perezosos, informales, descuidados. Voluntad débil e indisciplina. Son personas poco confiables, incapaces de sostener el esfuerzo continuado hacia las metas.	*Disposición al orden, la responsabilidad, el trabajo concienzudo; conducta motivada, estable, orientada al logro, disciplinada, seria. Personas confiables, exigentes y autoexigentes; ambición, iniciativa, tesón, aspiraciones elevadas. Gran capacidad de trabajo y de organización en la procura de metas.*	*Personas disciplinadas, puntuales, trabajadoras y responsables. Se adaptan a las tareas, por monótonas y pesadas que puedan ser, gracias a su fuerte y persistente motivación, fundamentalmente intrínseca.*

<u>*Facetas del Factor III · "C":*</u>

C1- Competencia *(percepción-sentimiento de autoeficacia y aptitudes)*
C2- Orden *(organización, regulación, tendencia a estructurar, limpieza, escrupulosidad, esmero)*
C3- Sentido del deber *(actuación consecuente con los propios principios y valores)*
C4- Necesidad de logro *(aspiraciones y metas elevadas. Ambiciones, anhelos)*
C5- Autodisciplina *(tenacidad, continuidad de propósitos, autogestión, autoexigencia)*
C6- Deliberación *(pensamiento reflexivo, se obra sin precipitación, control de las emociones)*

C1- Competencia *(percepción-sentimiento de autoeficacia y aptitudes)*

C2- Orden *(organización, regulación, tendencia a estructurar, limpieza, escrupulosidad, esmero)*

C3- Sentido del deber *(actuación consecuente con los propios principios y valores)*

C4- Necesidad de logro *(aspiraciones y metas elevadas. Ambiciones, anhelos)*

C5- Autodisciplina *(tenacidad, continuidad de propósitos, autogestión, autoexigencia)*

C6- Deliberación *(pensamiento reflexivo, se obra sin precipitación, control de las emociones)*

FIG. 13.4.

Evaluación grafológica en relación al modelo de los cinco superfactores (cinco grandes)

E.G.C.G

FACTOR - IV
Neuroticismo

E.G.C.G © Manuel J. Moreno - 2004

Puntuación baja	_En general_	_Puntuación alta_
Se trata fundamentalmente de sujetos estables, serenos, reflexivos, equilibrados, bien adaptados, poco emotivos, seguros de sí mismos, calmados, relajados, satisfechos, resistentes y autoafirmados.	_Rasgo de personalidad que predispone a la inestabilidad emocional en conjunción con situaciones elicitadoras. Respuestas poco adaptativas a las demandas del entorno, malestar anímico, ansiedad, ideas obsesivas, falta de control sobre las emociones, susceptibilidad. Inseguridad, irritabilidad, baja autoestima, angustia habitual..._	_Sujetos inestables, atribulados, inadaptados, ansiosos, preocupados, obsesivos, irritables, susceptibles, tendencia a la autocompasión, emotividad, hostilidad, puntillosidad, tensión, hipocondría, inseguridad._

Facetas del Factor IV · "N":

N1- Ansiedad _(temor inespecífico, inquietud, nerviosismo, intranquilidad)_
N2- Hostilidad _(frustración, actitud oposicionista, agresividad, irritabilidad...)_
N3- Depresión _(aflicción, melancolía, tristeza, aislamiento afectivo, hundimiento anímico)_
N4- Ansiedad social _(sentimiento de inferioridad, vergüenza, inseguridad personal)_
N5- Impulsividad _(irreflexión, decisiones precipitadas, reactividad, falta de control)_
N6- Vulnerabilidad _(desbordamiento ante situaciones de estrés, sensibilidad excesiva)_

N1- Ansiedad _(temor inespecífico, inquietud, nerviosismo, intranquilidad)_

N2- Hostilidad _(frustración, actitud oposicionista, agresividad, irritabilidad...)_

N3- Depresión _(aflicción, melancolía, tristeza, aislamiento afectivo, hundimiento anímico)_

N4- Actitud conciliadora _(tendencia a la acción cooperativa, colaborar o ayudar a los demás)_

N5- Impulsividad _(irreflexión, decisiones precipitadas, reactividad, falta de control)_

N6- Vulnerabilidad _(desbordamiento ante situaciones de estrés, sensibilidad excesiva)_

FIG. 13.5.

Evaluación grafológica en relación al modelo de los cinco superfactores (cinco grandes)

E.G.C.G.

FACTOR - V
Apertura Mental

E.G.C.G. © Manuel J. Moreno - 2004

Puntuación baja	*En general*	*Puntuación alta*
Sujetos convencionales, pragmáticos, sin inquietud ni deseo de explorar lo desconocido. Intereses estrechos, superficialidad, ordinariez.	Búsqueda activa y disposición positiva hacia la experiencia de lo nuevo. Curiosidad, tolerancia e interés hacia lo no familiar. Amplios intereses, creatividad, ingenio. Rasgo de personalidad relacionado con el carisma, los recursos, la perspicacia, la tolerancia y las actitudes civilizadas. Refinamiento, dignidad...	Actitud progresista, inquieta y abierta a nuevas perspectivas y experiencias. Sujetos creativos, imaginativos, listos, ocurrentes, con viveza y curiosidad por lo desconocido. Refinados, informados, lógicos...

Facetas del Factor V · "O":

O1- Fantasía (Imaginación y fantasía activa)
O2- Estética (Sensibilidad y aprecio por lo estético y lo bello)
O3- Sentimientos (permeabilidad y receptividad a los sentimientos)
O4- Acciones (se tiende a cambiar de escenarios y actividades)
O5- Ideas (permeabilidad a nuevas ideas; curiosidad e inquietud intelectual)
O6- Valores (disposición positiva hacia valores políticos, sociales, espirituales)

O1- Fantasía (Imaginación y fantasía activa)

O2- Estética (Sensibilidad y aprecio por lo estético y lo bello)

O3- Sentimientos (permeabilidad y receptividad a los sentimientos)

O4- Acciones (se tiende a cambiar de escenarios y actividades)

O5- Ideas (permeabilidad a nuevas ideas; curiosidad e inquietud intelectual)

O6- Valores (disposición positiva hacia valores políticos, sociales, espirituales)

CAPÍTULO 14

MANUSCRITO DEL «DUENDE». APROXIMACIÓN GRAFOLÓGICA A LA GESTUALIDAD GRAFO-ESCRITURAL DE FEDERICO GARCÍA LORCA

INTRODUCCIÓN (Por José Javier León)

Desconocemos la voz de Lorca. Ignoramos su altura o su timbre, su resonancia, la amplitud y la vibración de su metal. No porque no la grabase nunca, que lo hizo –por ejemplo, cuando leyó para la ondas radiofónicas sus "Alocuciones argentinas"– sino porque todos los registros sonoros se han extraviado. De aparecer un día es seguro que tendrían el impacto que todo inédito lorquiano ocasiona, tal vez uno incluso más subido, por *decididamente* sonoro. Casi como compensación a esa pérdida, son muchos los manuscritos que el poeta nos dejó; algunos los conservó él, otros los regaló a amigos o los depositó en las manos de alguien esmerado o fiable. En el caso de sus conferencias, que redactaba cuidadosamente y que leía, aunque dando la impresión de no leerlas, tal como había visto hacer Pérez Galdós, en un mitin, de niño, el material es tan rico como vibrante.

El corpus del García Lorca conferenciante se ha ido acendrando paulatinamente, gracias a los muchos estudios filológicos que lo van acercando, cada día más, a aquello que pudo ser, al acto performativo en sí, a lo que tuvo lugar: la cultura caliente de su día y de su hora. "Hay Federicos para todo el mundo", escribió Pablo Neruda. También hay conferencias de Lorca para todo el mundo, pero no creo exagerar si declaro que hay una que aventaja a todas las demás en ambición, alcance poético y prestigio: *Juego y teoría del duende*, el mayor intento de Lorca de abordar una especulación general sobre el hecho artístico, su experiencia y su proceso de creación y recepción.

En Estados Unidos son cada vez más los escritores que, tras leer esa charla en versión inglesa y recibir su impacto, emplean la palabra sin traducirla, *duende*, incorporándola en castellano a sus poemas o sus ensayos escritos en su lengua materna. El poeta Forrest Gander contó en una lectura bilingüe de sus versos que tuvo lugar en el Centro Federico García Lorca de Granada, el pasado 12 de noviembre, que en China, adonde había sido invitado a hablar de su obra, los autores locales hablaban con soltura del duende. Ha quedado en consultarme si los autores chinos usan también la palabra en nuestra lengua o han conseguido un equivalente, con ideograma incluido.

El concepto lorquiano de *duende* se ha hecho tan popular que hemos sucumbido ante los mil trucos con los que su creador-prestidigitador logró burlar nuestra confianza y nuestro asombro. Por eso se imponía un análisis crítico de sus antecedentes, bien escondidos, y de sus metonimias. Por eso, y un poco por cabreo contra sus excesos, contra nuestro propio empacho, empecé hace años a estudiar la disertación y escribí sobre ella una tesis doctoral. Gracias a la generosidad de quien custodia su hológrafo, Ana Clara

Guerrero, nieta de Juan Guerrero Ruiz, tuve la oportunidad de examinar directamente sus cálidas páginas y cotejarlas con la copia mecanografiada –con arrepentimientos y anotaciones del poeta– hoy depositada en los archivos del Centro García Lorca de Granada. Luego vinieron los libros, *El duende, hallazgo y cliché* y la primera edición crítica y anotada de *Juego y teoría del duende*, en la que se reproduce, entre otros documentos matrices, el facsímil del manuscrito (Sevilla, Athenaica, 2018). Pronto seguirán otros trabajos, aún vinculados a ese riquísimo material de solo una quincena de páginas. Cada vez que intento distanciarme, él me requiere.

Manuel J. Moreno me ayudó en su día, con emoción, a descifrar dos palabras con las que yo luchaba, más que a brazo, a ojo partido, y me brindó un análisis grafonómico de aquella letra cordial que confirmó algunas intuiciones y despertó inquietudes nuevas. Se podría, pues, decir, que Lorca nos puso en contacto. O, como le gustaría más pensar a él, que el duende, que su duende, nos reunió.

Hoy saludo, con gozo y con apetito, lo que me parece la primera piedra de un análisis grafológico muy esperado: el que Manuel dedicará a uno de los textos mayores –*Juego y teoría del duende* lo es– salidos del puño y de la letra de Federico García Lorca.

José Javier León,
Granada, 14-XI-2019

Dos cartas de Federico García Lorca a su familia

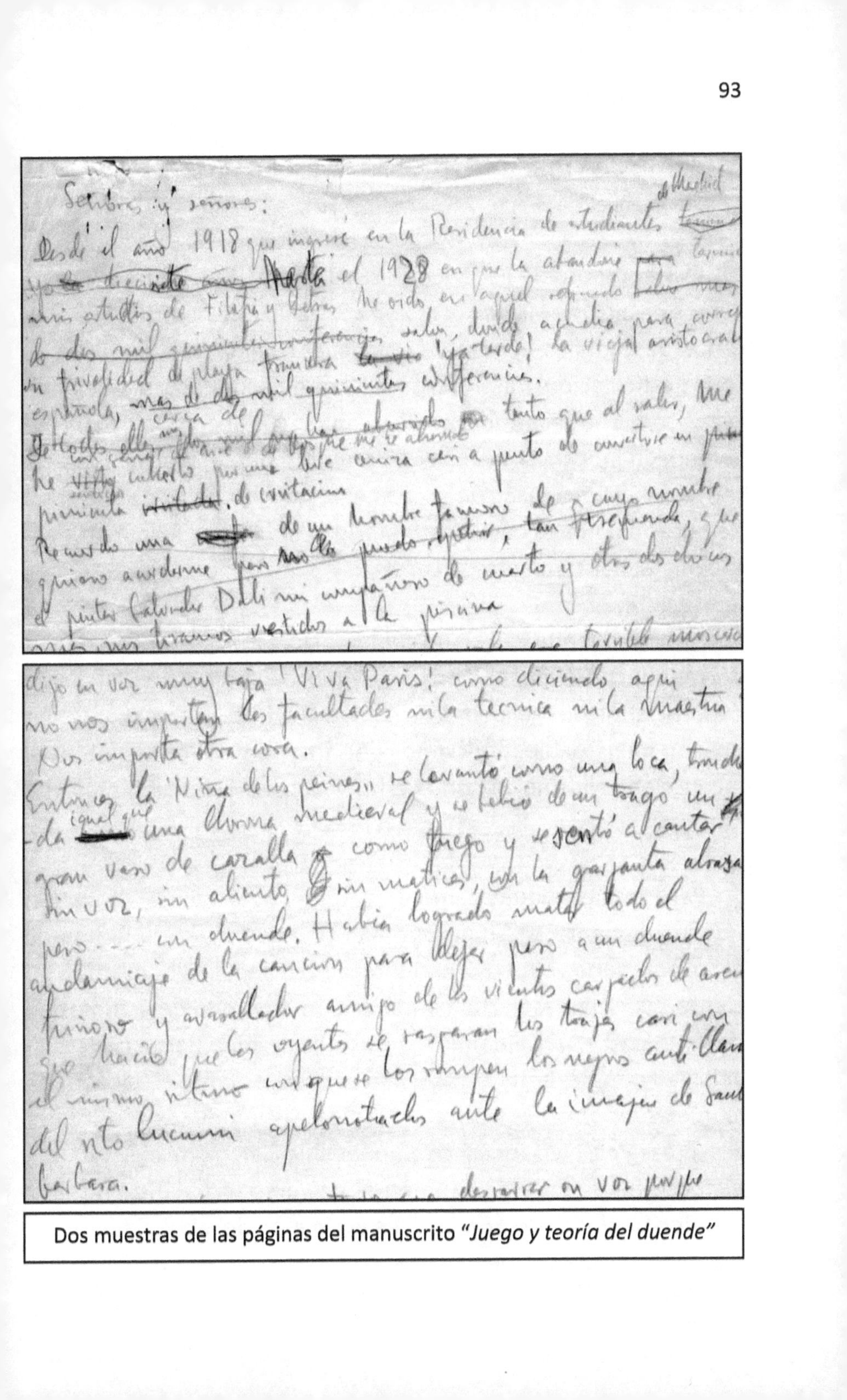

PRESENCIA DEL «DUENDE» EN LA ESCRITURA DE LORCA

(Por Manuel J. Moreno)

El manuscrito de Federico García Lorca al que ahora nos acercamos desde una *mirada grafológica* —algo que haremos, no obstante, de puntillas—, goza de una de las cualidades que hacen de toda gesticulación grafo-escritural un medio idóneo y privilegiado para asomarnos al psiquismo de su autor: su espontaneidad, la desenfadada inocencia del trazado multiforme ajeno a toda expectativa de juicio, y más aún si cabe en este caso, en el que se trata de notas o apuntes cuyo destinatario no es otro, que la materialización del pensamiento de Lorca.

Aquí, el duende lorquiano campa a sus anchas por el escenario del mundo que el papel representa para todo escribiente, el marco existencial. Si «la realidad de la psique» —Jung— representase un océano mensurable, podríamos declarar que dicho duende es el inconsciente mismo, si con ello hubiésemos dicho algo más que nada.

Pero lo que inequívocamente emparenta al duende con la psique inconsciente, es su autonomía, su independencia última de todo fenómeno volitivo consciente o intencional. El hombre consciente, su «yo» despierto, como revelan todo tipo de estudios en la actualidad —por ejemplo los trabajos de John Bargh de la Universidad de Yale, entre otros—, no es precisamente el hacedor de lo que *esencialmente* ocurre en su vida. Sus motivaciones, intereses, presagios, elecciones, creaciones…, le vienen, de algún modo, *dictadas*. El duende deviene en el universo lorquiano un mago creador, un dador de *gracia*. Él es el *Daimon* del alma flamenca.

Y este espíritu élfico, *nolen volens*, transparentado en los gestos del baile y el cante, se asoma también en la orquestación poligráfica de la trama escritural de las anotaciones de este magnífico manuscrito de Lorca, ¡tantos años después!, ante la fascinación y el asombro de la *mirada* grafológica.

"Uno ve, como es", dice Jung. Toda convicción que brota del descubrimiento creador, es de algún modo una auto-revelación, lo que aquí significa que el duende que Lorca está pronto a presentar en sus conferencias, tiene no poco que ver con lo inclasificable de su personalidad inconsciente, incluso diría, de la propia personalidad de lo inconsciente, aquella dinámica arquetípica y central —nuclear— que Jung denominó, sí-mismo.

El duende explorado y comunicado por el genio granadino, refiere con seguridad a la dimensión pasional humana más difícilmente racionalizable. Es la vinculación arcaica con lo ctónico y lo telúrico, la sangre y energía primordiales, ese eros que conjuga placer y dolor, amor y odio, vida y muerte.

No es mi pretensión abarcar lo inconmensurable de la personalidad del autor con modestas herramientas como las grafológicas, sino acariciar *algo* de su gestualidad idiotípica, seguro de que su personalidad se gestó, como toda verdad interior, en la combustión de fuegos y savias inconscientes donde el duende que predicó, tuvo —y sigue teniendo— mucho y alto que decir.

PROPIEDADES GRAFONÓMICAS DE LOS TEXTOS ANALIZADOS

Un acercamiento categorial y metódico a las variables grafo-escriturales objetivables en este manuscrito por tantos años iné-dito, de Lorca —complementados por algunas otras cartas dirigidas a su familia—, pone en evidencia un conjunto dinámico, aunque un tanto contenido; es armonioso, pero sin concesiones, con un nivel de la forma —formniveau— o expresividad grafo-escritural, ciertamente notable. Los rasgos grafonómicos devienen progresivos, siendo el *ambiente gráfico* del conjunto, favorable o positivo.

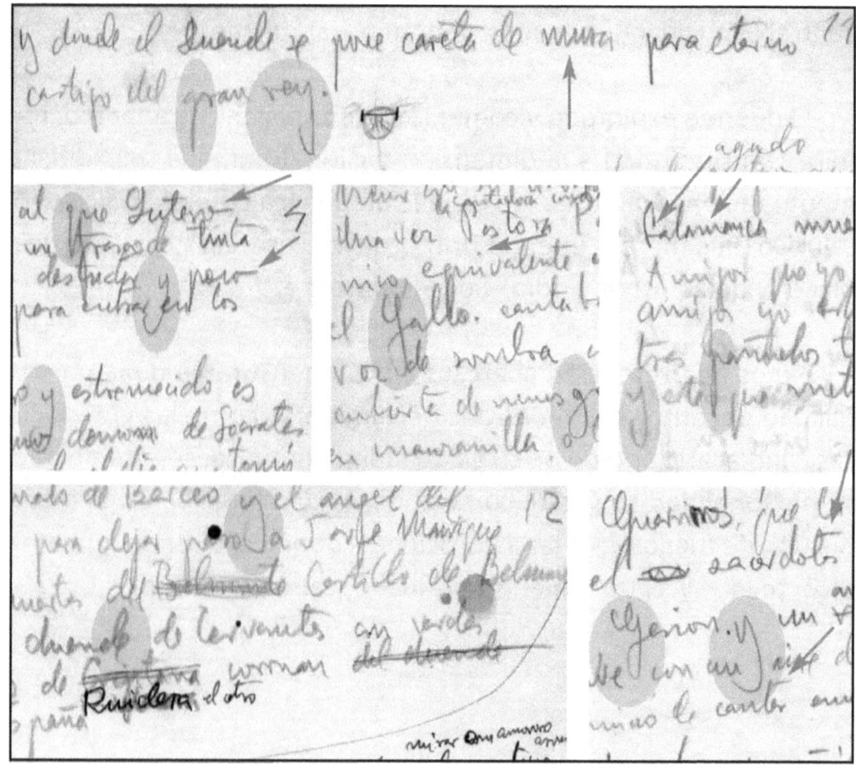

La espontaneidad y despreocupación por la estética formal y normativa, es evidente. Las propiedades grafológicas de esta escritura, contempladas desde una perspectiva analítica o molecular, parten de la condición organizada, esto es, una escritura evolucionada y solvente en términos de grafomotricidad y pleno dominiocontrol del acto escritural.

Presenta formas no-convencionales y es relativamente ordenada, sin pretenderlo.

Se observan desproporciones generalizadas o sistemáticas en las jambas o pies —las prolongaciones exteriores hacia la zona inferior de escritura—, manteniendo una adecuada proporcionalidad en todo lo demás. ¿Es la *presencia* del *duende*?, no nos anticipemos.

La escritura es clara, a pesar de las invasiones de espacio que las jambas imponen entre las líneas. Es concentrada, sin exceso; legible, pero de lectura dificultosa para quien no esté habituado al formato personalizado y simplificado, como el que aquí admiramos.

Margen izquierdo breve y ligeramente irregular. El margen superior es pequeño, casi inexistente.

Escritura prolongada —jambas profundas, desproporcionadas—, de zona media por debajo del perfil medio —escritura pequeña en cuanto a tamaño grafológico o relativo—. Presencia del formato de "m" y "n" en arcada angulosa, y configuración formal mixta en la relación curva-ángulo.

Escritura de estilo o formato simplificado —y combinado— aunque no del todo, con presencia de letras acordes al formato tipográfico, en su modalidad dinámica y estilizada. La orientación espacial de las líneas es netamente ascendente, con irregularidades en el ángulo de ascenso e imbricaciones ascendentes. Hay presencia de finales caídos. En cuanto a la inclinación de los ejes de las letras, vemos una escritura que "busca activamente" la verticalidad —inclinación perpendicular a la línea de pauta—, a pesar de su oscilación a derecha e izquierda.

El movimiento es fluido, quizá con cierta deriva *barré* a causa del papel marcadamente protagonista que juegan las jambas. Escritura rápida, acelerada de ejecución.

Respecto de la pulsión o presión escritural, señalar que es de *tensión* firme, cierta —presión cualitativa—, y que se aprecia un predominio del componente vertical sobre el horizontal. El grosor o calibre, es más bien ligero.

En cuanto a la firma-rúbrica, aunque en el manuscrito inédito sobre el que hemos realizado la mayor parte de nuestras apreciaciones grafológicas, no lleva firma por razones obvias —son apuntes—, señalar que en otros de sus escritos, como también ilustramos, Lorca elige ubicar la firma en la zona central derecha, que ésta es plenamente legible y que destaca el sobrealzamiento de las mayúsculas iniciales.

La rúbrica subraya algunas de las muestras, es decir, lo hace únicamente en ocasiones, y realiza a menudo trazos horizontales que se proyectan *lanzados*.

La firma es sencilla y sigue básicamente los mismos parámetros grafonómicos que el texto escritural. Es, ligeramente mayor de ta-

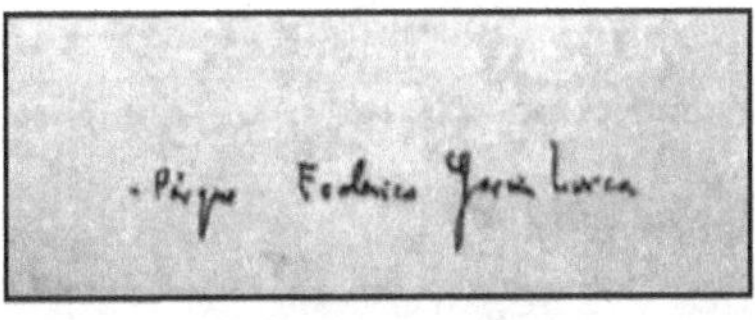

maño que el texto, como suele ser habitual, y quizá algo más lenta en su ejecución, así como con letras menos cohesionadas.

FEDERICO GARCÍA LORCA: UNA LECTURA GRAFOLÓGICA

Si como grafólogos olvidamos ahora un poco, en la medida de lo posible, la imagen personal que cada uno tenga del personaje en cuestión, convendremos que…, estamos frente a una escritura que sugiere un tipo de personalidad —y momento— en el que prima la búsqueda de estructuras racionales, de órdenes narrativos capaces de conjugar razón(es) y sentimientos, una pretensión obstinada —diría yo— que el escribiente *confiesa* gestualmente en su *necesidad* de mantener la verticalidad de las letras, "a toda costa", y a pesar de una irrefrenable oscilación de las mismas a derecha e izquierda. Una ambivalencia no patológica, que podría dar cuenta de la necesidad de elaborar conscientemente buen número de materiales o contenidos inconscientes: vislumbres, intuiciones, heridas, anhelos, pasiones, sentimientos…, luces que proceden paradójicamente de la *sombra* psíquica, de ese oscuro fondo inconsciente precisado de estructura y alumbramiento, de sentido, como los ladrillos y tabiques de un edificio cuyo boceto hubiese sido concebido y bosquejado de forma creativa e inmediata, de un solo golpe.

Verticalidad es sinónimo aquí también, de vertebración, de estructura, de racionalidad, de consciencia —tierra firme—. Un gesto afín a la contención y racionalización coherente de un sentir apasionado y desbordante, que se reconoce a sí mismo en la impetuosidad, en la necesidad de ser templado, refrenado, encauzado por los seguros márgenes de la sensatez y el autocontrol.

Se aprecia en el modo de escribir de Lorca, la cohesión ligada característica de las personas de orientación productiva —Erich Fromm—. Sus habilidades intelectuales laboran sin duda en favor del citado encauzamiento racional. La condición grafológica de la escritura ligada, junto a otras dos de las características o propiedades aquí presentes: la escritura rápida y la cohesión combinada, en el marco de un ambiente gráfico positivo o favorable como éste, es representativa del pensamiento analítico, lógico y relacional, que busca y precisa de la síntesis o conjugación de los opuestos, el opus alquímico o *coniunctio* al que Jung dedicó una de sus obras capitales, *Mysterium Coniunctionis*.

Las formas desarrolladas, y notablemente personalizadas de la cohesión combinada, son aquí también expresión de la pulsión creativa del escribiente, del anhelo y necesidad de libertad creadora en esa suerte de diálogo filosófico y existencial que refuerza y justifica el sentido de lo propio. Es esta una de las expresiones grafo-escriturales más características de la inteligencia fluida al servicio de la individuación: ese instinto irrenunciable a devenir sí-mismo.

La fuerza motivacional es intensa y endógena. Las líneas ascienden propulsadas por la abundancia vital —*vis natura* o *libido general*— de un sujeto voluntarioso y apasionado, entusiasta, interesado por todo. Lo hace de manera enérgica, también disciplinada, aunque no en el sentido convencional del término. Es el orden que nace de la inteligencia y no de la normatividad.

La condición dimensional *prolongada* —género gráfico tamaño—, es en la escritura de Lorca la especie o variable más dominante. Parece sostener al resto de los componentes del escrito, como si de un timón que orienta el fluido grafoescritural de la escritura, se tratase. Este importante y elocuente rasgo dominante, muestra aquí con toda probabilidad, el fundamento apasionado de su carácter. No en vano el psicólogo y grafólogo suizo Max Pulver, refería las prolongaciones «hacia arriba y abajo» de la escritura, a las «alturas y profundidades» de la vida.

Lorca, es sin duda un argonauta de alma inquietada, motivada en las honduras primordiales de la vida. El propio flamenco procede del cante jondo —u hondo—, el cante de los gitanos —jondo— y de los gitanos-andaluces —flamenco—, enraizados en la «Andalucía trágica».

Esta jamba invasora, a todas luces desproporcionada, de la escritura de Lorca, simboliza también la acción y atracción por lo abismal. Emociones «de calado» e impulsos soterrados o inconscientes que alientan la vida desde ese espíritu o daimon que es rizoma para la consciencia —Víctor E. Frank, defiende la existencia de un inconsciente espiritual reprimido en la psique humana, fuente de conflictos y dificultades, al igual que lo inconsciente pulsional—.

El entramado escritural dinámico, fluido, rápido, ágil de su escritura, muestra un sujeto vivaz, chispeante, locuaz, sensible…, sin olvidar que la ya citada verticalidad, advierte la contención emocional, la sujeción, el contrapeso racional ante una libido impetuosa. La tensión del trazado —a pesar de estar escrito a lápiz—, evidencia de un lado la solvencia grafomotriz y cultura gráfica del escribiente, y del otro, su consistencia caracterológica. Si bien hay rasgos, como las irregularidades de tamaño, altura, tensión, ubicación…, que se observan en las barras "t", que pueden estar reflejando inconsistencias y debilidades de carácter, sobre todo, en lo que al componente asertivo de la personalidad, se refiere.

No solo son las jambas las que acaparan el protagonismo grafológico de la expresión gestual y simbólica del carácter de Lorca, sino que también vemos hampas —o crestas— elevadas, sin desmesura, pero significativamente proyectadas hacia «lo alto», reflejando la relevancia de un poderoso mundo de ideas. Actividad intensa, inquietud y conexión viva con las representaciones colectivas —el Anthropos o fundamento psíquico transpersonal, el *inconsciente colectivo*—. A tales connotaciones de significado representadas por la zona superior, se une la presencia de signos de puntuación elevados, signo característico de la visión en perspectiva —"gaviota que ve lejos, vuela alto", diría R. Bach en Juan Salvador Gaviota—, emancipada hasta cierto punto de los pragmatismos excesivos —y anquilosantes— de todo escrúpulo timorato, atrapado por lo apariencial-inmediato.

Hay rasgos grafológicos en esta escritura que correlacionan con tenacidad y reserva, incluso con cierto hermetismo.

Un carácter exigente y autoexigente, no exento de cierta tendencia a la irritabilidad agresiva.

Los escritos de Lorca «se pegan» al borde izquierdo de la página, lo que sugiere una fuerte adhesión emocional y devocional a la familia de origen, así como una expresión grafológica más de la ya citada contención racional. Es también una pincelada grafoescritural de introversión, timidez y recelo.

Federico García Lorca tenía 35 años en 1933, cuando confeccionó este manuscrito —la mitad de la vida, en términos arquetípicos—, proyectándose en su escritura un importante grado de integración resolutiva de opuestos —individuación exitosa, en la terminología junguiana—, cuya imagen mayor en estos escritos se caracteriza por un *todo escritural* cuya *impronta* o gestalt grafológica, trasluce la intensidad de un sujeto libre, jovial, apasionado, creativo, visionario, espoleado por un daimon que lo mismo lo sumerge en los fondos abisales del alma inconsciente, como lo eleva hacia las alturas del conocimiento y la brillantez intelectual, iluminando en todo caso y a pesar del tiempo transcurrido, la rica y vibrante gestualidad de un Lorca siempre vivo, y dichoso de vivir.

CAPÍTULO 15

BREVES NOTAS ACERCA DE LA PSICOLOGÍA DE RASGOS Y VARIABLES GRAFOLÓGICAS EN LA ESCRITURA

La grafología, como hemos visto, se ocupa de las expresiones gestuales y simbólicas que tienen lugar en la conducta escritural. Tales proyecciones se valen de un lenguaje arcaico, universal: el lenguaje de lo simbólico-arquetípico.

Sin el rigor necesario que implicaría contextualizar los signos grafológicos en su propio *ambiente gráfico*, las resultantes de los grandes movimientos escriturales en una escritura determinada, sus elementos o variables dominantes, el grado de diferenciación (formniveau) del todo escritural, la armonía del conjunto..., voy a exponer de modo casi telegráfico, algunas de las connotaciones de significado más habituales con que aparecen asociadas muchas de las variables de escritura —escrituras-tipo— que hemos expuesto de forma estructurada en la Escala de Registro de Variables Grafológicas —ERVG— (pp. 33 y 39).

Muy a tener en cuenta: (+) alude a significados del signo cuando aparece en un contexto gráfico positivo o favorable y (-) alude a significados del signo cuando aparece en un contexto gráfico negativo o desfavorable.

CATEGORÍA O PARÁMETRO «TAMAÑO»:

Escrituras pequeñas: (+) pensamiento analítico, objetividad, concentración, introversión (-) timidez, baja autoestima, complejos.

Escrituras muy pequeñas: (+) minuciosidad excesiva, miopía (-) obsesivo-compulsivos, ensimismamiento y retracción del carácter.

Escrituras grandes: (+) predominio del sentimiento, extraversión, autoestima, carácter expansivo (-) falta de objetividad y de rigor.

Escrituras muy grandes: (+) actitud dominante y expansiva, sujeto temperamental, emotividad sentimiento aristocrático (-) ambiciones, carácter invasor, apasionamiento.

Escrituras anchas: (+) amplitud de miras, vivacidad, desinhibición, apertura a la experiencia (-) irreflexión, superficialidad, imprudencia.

Escrituras estrechas: (+) contención, prudencia, recogimiento, discreción (-) temores, inhibiciones, inseguridad, angustia.

Escrituras sobrealzadas de la zona media: (+) signo característico del orgullo y del amor propio, sentimiento de distinción (-) arrogancia, prepotencia, soberbia.

Escrituras crecientes: (+) candidez, ingenuidad (-) ausencia de perspicacia.

Escrituras decrecientes: (+) agudeza mental, perspicacia, penetración (-) agresividad, imposición de criterios.

Escrituras filiformes: (+) sutileza, don para el trato diplomático y sagacidad, capacidad de moverse entre opuestos, para negociar y para conciliar, talento (-) talante escurridizo, irresponsabilidad, falta de franqueza, indecisión, ambigüedad.

CATEGORÍA O PARÁMETRO «FORMA»:

Escrituras curvilíneas: (+) dulzura, afabilidad, sociabilidad, adaptabilidad (-) versatilidad, inconsistencia personal, indecisión.

Escrituras angulosas: (+) energía, dinamismo, disciplina, fortaleza, carácter, rectitud (-) intransigencia, inadaptabilidad, frialdad, dureza.

Escrituras redondas: (+) carácter acomodaticio, afectividad, adaptabilidad, compañerismo (-) egocentrismo, indolencia, falta de compromiso.

Escrituras mixtas: (+) firmeza, equilibrio, carisma personal (-) ambivalencia, conflictos.

Escrituras modélicas (caligráficas, tipográficas...): (+) tradicionalismo, sociabilidad, corrección social, integración socio-ambiental (-) convencionalismo, falta de desarrollo y de individuación.

Escrituras simplificadas: (+) sentido práctico, agilidad mental, inteligencia, capacidad de síntesis, realismo, individuación, buen gusto.

Escrituras sencillas: (+) franqueza, sencillez, accesibilidad, naturalidad (-) simplismo, convencionalismo, persona de hábitos rígidos, inconsistencia.

Escrituras complicadas: (+) Pompa, verbalización seductora, énfasis en lo accesorio, cualidades para lo descriptivo (-) exageración, insinceridad, actuación interesada, segundas intenciones.

CATEGORÍA O PARÁMETRO «INCLINACIÓN»:

Escrituras verticales: (+) racionalidad, compostura, circunspección, rectitud, control y autocontrol (-) frialdad, inaccesibilidad, insensibilidad, insociabilidad.

Escrituras inclinadas: (+) extraversión, afecto, predomina el sentimiento y la disposición empática (-) dependencia de los demás (del criterio ajeno), subjetividad, irreflexión.

Escrituras muy inclinadas (tumbada): (+) apasionamiento, entusiasmo (-) entusiasmo desbordado, irreflexión, desenfreno.

Escrituras invertidas: (+) introversión, reserva, cautela, posición defensiva, (inclinación de tendencia natural en los zurdos) (-) falta de franqueza, disimulo, egoísmo, susceptibilidad, amor propio herido.

Escrituras muy invertidas (caída a la izquierda): (-) retracción, actitud regresiva, fuerte inhibición Escrituras oscilantes: (+) flexibilidad, emotividad (-) indecisión, versatilidad.

Escrituras ambivalentes: (-) ambitendencias, conflicto de intereses, neurosis.

CATEGORÍA O PARÁMETRO «DIRECCIÓN»:

Escrituras horizontales: (+) firmeza, estabilidad, rectitud, sentido del orden (-) rigidez, inflexibilidad, falta de vivacidad.

Escrituras ascendentes: (+) entusiasmo, fuerza para afrontar obstáculos, ánimo exaltable, buen humor (-) estados maníacos, psicosis.

Escrituras descendentes: (-) depresión, fatiga, debilidad física y/o anímica, melancolía, desánimo.

Escrituras onduladas: (+) adaptabilidad, buen humor, ánimo inflamable (-) inestabilidad, inconsistencia.

Escrituras sinuosas: (-) inestabilidad, desequilibrio.

CATEGORÍA O PARÁMETRO «VELOCIDAD»:

Escrituras rápidas, dinámicas: (+) agilidad mental, actividad, fluidez ideativa, creatividad, franqueza, espontaneidad, capacidad de abstracción (-) improvisación y falta de método, impaciencia, desasosiego.

Escrituras mesuradas: (+) prudencia y equilibrio, sosiego, decisiones mesuradas, realismo, corrección (-) conducta tendente a la monotonía, conservadurismo.

Escrituras lentas: (+) reflexión, cautela, sosiego, estabilidad (-) desconfianza, indecisión, actitud elaborada, conducta estratégica, vacilación.

Escrituras precipitadas: (+) mente inquieta, impulsividad, sujetos muy vivaces, informalidad (-) precipitación, desasosiego, inestabilidad, influenciabilidad, emotividad excesiva, vulnerabilidad emocional.

Escrituras aceleradas: (+) implicación progresivamente entregada en las tareas, entusiasmo creciente (-) volubilidad, inconstancia.

Escrituras retardadas: (+) prudencia, cautela, circunspección (-) temor, desconfianza, inhibición, inseguridad.

CATEGORÍA O PARÁMETRO «COHESIÓN»:

Escrituras ligadas: (+) pensamiento analítico, capacidad deductiva, lógica, ánimo cooperativo, solidario (-) falta creatividad e independencia en las ideas, asunción impersonal y automática de principios.

Escrituras desligadas: (+) intuición, pensamiento inductivo, agudeza mental, creatividad y riqueza de ideas, observación, independencia, individualismo (-) falta lógica, espíritu insolidario.

Escrituras agrupadas: (+) actividad cognitiva equilibrada, tendencia al desarrollo de las funciones mentales (Jung) principales y auxiliares.

Escrituras reenganchadas: (-) incultura e insolvencia caligráfica, dificultades psicomotrices, senilidad, trastornos mentales, intranquilidad.

Escrituras fragmentadas: (-) falta de integración socio-ambiental, disociación y conflictos neuróticos, trastornos de tipo psicótico.

Escrituras combinadas: (+) Gran agilidad mental y desarrollo de las capacidades cognitivas, mente creadora.

CATEGORÍA O PARÁMETRO «ORDEN»:

Escrituras ordenadas (regularidad en la distribución espacial): (+) mente organizada, claridad conceptual, buena gestión de los recursos (-) apego a las normas y prescripciones, convencionalismo.

Escrituras desordenadas: (+) actuación no planificada, espontaneidad, creatividad, inquietud (-) incapacidad para una organización eficiente, ineficacia para organizarse.

Escrituras proporcionadas: (+) realismo, equilibrio, serenidad, conciencia de la realidad (-) convencionalismo, mediocridad, apatía.

Escrituras desproporcionadas: (+) emotividad, impresionabilidad (-) falta de realismo, subjetividad, desequilibrios, susceptibilidad.

Escrituras claras (distribución armoniosa de texto y espacios): (+) discernimiento, ecuanimidad, claridad conceptual, eficiencia cognitiva (-) emotividad perturbadora.

Escrituras confusas (suele ir de la mano de la escritura desordenada (Vels): (-) falta de claridad, de realismo, de ecuanimidad en los juicios, tendencia a la deslealtad y a la incompetencia en muchos órdenes.

Escrituras espaciadas: (+) independencia, autosuficiencia, sujetos reflexivos, interioridad, se precisa distancia respecto de los demás (-) tendencia al aislamiento, actitud defensiva.

Escrituras concentradas: (+) tendencia al trabajo solidario e integración en el medio, sujetos selectivos en cuanto a sus predilecciones (-) desconfianza, avaricia, inflexibilidad e intransigencia.

CATEGORÍA O PARÁMETRO «PRESIÓN»:

Escrituras de presión profunda: (+) fuerza vital, carácter, necesidad de conquistar y dominar la realidad material (-) pragmatismo, insensibilidad, falta de espontaneidad.

Escrituras de presión tensa: (+) firmeza, resistencia, vitalidad (-) inflexibilidad, rigidez, exigencias.

Escrituras flojas: (+) debilidad, falta de carácter, inconsistencia, falta de energía.

Escrituras blandas: (-) apatía, pereza, tendencia a la inactividad.

Escrituras de calibre nutrido: (+) equilibrio psicofísico, vitalidad, actividad, estabilidad.

Escrituras de calibre ligero (fino): (+) sensibilidad, espiritualidad, capacidad de abstracción, idealismo (-) vulnerabilidad, inestabilidad de ánimo.

Escrituras robustas (nutridas, rápidas y tensas): (+) carácter fuerte, carismático, tendencia al liderazgo, afán conquistador y protagonista (-) agresividad, vehemencia, talante dominador y expansivo, afán de liderazgo a cualquier precio.

BIBLIOGRAFÍA

Ajuriaguerra, J.C.: *La escritura del niño* (dos tomos). Laia, Barcelona, 1984.

Almela, M.: *Grafología pedagógica*, Ed. Herder, Barcelona, 1965.

Alvarado Gordillo M.: *La disgrafía escolar*. Ed. Disgrafos, Alicante, 1988.

Auzias, M.: *Los trastornos de la escritura infantil*. Laia, Barcelona, 1981.

Aznar, B.: *El examen pericial de documentos ante los Tribunales de Justicia*. Esc. Med. Legal, Madrid, 1954.

Bachofen, J. J.: *Mitología arcaica y derecho materno*. Ed. Anthropos, 1988

BELDA GARCÍA-FRESCA, G.: *Grafología y firma*. Eos, Madrid, 2006.

BLANQUEFORT, M.: *Motivaciones y compensaciones*. Ed. Lasra, Buenos Aires, 2005.

Bomtempo, M.: *Grafolingüistica y códigos grafológicos*. Ed. Lasra, Buenos Aires, 2001.

Branston, B.: *Curso práctico de Grafología*. Ed. Tikal, 1995.

CAPRIGLIONE, A. V.: *La personalidad a través de la escritura*. Ed. A. C., Buenos Aires, 2010.

CARMI, A. y SCHNEIDER, S.: *Experiencing Graphology*. Freund Publishing, London, 1988.

Corral Iñigo, A. y Pardo de León P.: *Psicología Evolutiva I*. UNED, Madrid, 2001.

Crepieux-Jamin, J.: *Abc de la Grafología*. Ed. Ariel, Barcelona, 1957.

Crespo, A.: *Cognición humana. Mente, ordenadores y neuronas*. Ed. Ramon Areces, Madrid, 2002.

Del Abril Alonso, A. (et. al.): *Fundamentos Biológicos de la conducta*. Ed. Sanz y Torres, Madrid, 2001.

Du Sautoy, M.: *Lo que no podemos saber. Acantilado*, Barcelona, 2018.

Echevarría, M. E.: *Grafología infantil*. Edaf, Madrid, 1992.

—: *Grafología práctica*. Ed. Central, 1977.

Foglia, P. J.: *Grafología Descriptiva*, 1988.

—: *Signos de enfermedad en la escritura*. Ed. La Rocca, Barcelona, 1996.

—: *Grafología Forense: tendencias criminales en la escritura*, Lugar Editorial, Buenos Aires, 2003.

Frankl, Víctor E.: *La presencia ignorada de Dios. Psicoterapia y religión*, Ed. Herder. Barcelona, 1995.

Freud, S.: *Cinq lecons sur la psychanalyse*. En: Los grandes del inconsciente, Ed. Mensajero, Bilbao, 1983.

—: *Esquema del psicoanálisis*. Ed. Debate, Madrid, 1998.

—: *Psicopatología de la vida cotidiana*. R.B.A., Barcelona, 2006.

Gille-Maisani J. Ch.: *Psicología de la escritura*. Ed. Herder, Barcelona, 1991.

—: *Grupo sanguíneo y personalidad*, Ed. Herder, Barcelona, 1994.

GOLEMAN, D.: *Focus*. Ed. Kairós, Barcelona, 2013.

—: *El cerebro y la inteligencia emocional*. Ediciones B.S.A., Barcelona, 2012

—: *El espíritu creativo*. Ed. Zeta, Barcelona, 2012.

Gullan-Whur, M.: *Manual práctico de Grafología*. Ed. Edaf, Madrid, 1988.

Hammer, Emanuel F.: *Test proyectivos gráficos*. Ed. Paidós, Barcelona, 1997.

Hertz, H.: *La Grafología*. Ed. Oikos-Tau, Barcelona, 1972.

Honroth, C. A. y Zarza, A.: *Sí y no en la Grafología clásica*. Ed. Troquel , Buenos Aires, 1961.

Huarte de San Juan, J.: *Examen de ingenios para las ciencias*. Ed. Espasa Calpe, Madrid, 1991.

Hughes, Albert E.: *Lo que revela su escritura*. Edaf, Madrid, 1979.

affé, A.: *El mito del sentido en la obra de C.G. Jung*. Ed. Mirach, Madrid, 1995.

ung, C. G.: *Arquetipos e inconsciente colectivo*. Ed. Paidós, Barcelona, 1984.

—: *El hombre y sus símbolos*. Ed. Paidós, Buenos Aires, 1995.

—: *La práctica de la psicoterapia*. O.C. 16. Trotta, Madrid, 2006.

—: *Lo inconsciente en la vida psíquica normal y patológica*. Editorial Losada, Buenos Aires, 1916.

—: *La psicología de la transferencia*. Ed. Paidós, Barcelona, 1983.

—: *Las relaciones entre el yo y el inconsciente*. Ed. Paidós, Barcelona, 1983.

—: *Los complejos y el inconsciente*. Alianza editorial, Madrid, 1983.

—: *Freud y el psicoanálisis*, en: Obras Completas, págs. 311-313, vol. 4, Ed. Trotta, Madrid, 2002.

—: *Psicología y alquimia*. Ed. Plaza y Janés, Barcelona, 1977.

—: *Recuerdos, sueños, pensamientos*. Ed. Seix Barral, Barcelona, 1986.

—: *Tipos psicológicos*. Ed. Edhasa, Barcelona, 1994.

ünger, E.: *La Tijera*. Ed. Tusquets, Barcelona, 1993.

Klages, L.: *Escritura y Carácter*. Ed. Paidós , Buenos Aires, 1949.

Leahey T. H.: *Historia de la Psicología. Principales corrientes en el pensamiento psicológico*. Madrid: Prentice may, 1998.

Le Bon, G.: *Psicología de las masas*. Ediciones Morata, Madrid, 1986.

LEVI-STRAUSS, C.: *Mito y significado*. Alianza editorial, Madrid, 2002.

Lévy-Bruhl, L.: *Les functions mentales dans les sociétés inférieures*. Librairie., Féliz Alcan, 1928.

Montiel, L.: *Carl Gustav Jung (1885-1961)*. Ediciones del Orto, Madrid, 1997.

Marchesan, M.: *Niños difíciles ¡Acudamos a tiempo!*. Ayt. de Barcelona, 1959.

Marcuse, I.: *Grafología*, Ed. Glem, 1967.

Marín Martínez, T.: *Paleografía y diplomática*. UNED, Madrid, 2002.

—: *Peritación Caligráfica*. Ed. Sol, 1987.

Martín Sánchez, T.: *Investigación pericial, caligráfica y grafológica de manuscritos*. Dykinson, Madrid, 1996.

Martínez, L. y Esteban, M. A.: *Grafología*, Ed. Doncel, Madrid, 1974.

Méndez Baquero, F.: *Documentoscopia*. D.G.P., Madrid, 1994.

Méndez Baquero, F. y Antón Barberá, F.: *Análisis de textos manuscritos, firmas y alteraciones documentales*. Ed. Tirant Lo Blanch, Valencia, 1998.

Miracle y Carbonell, F.: *Manual de Revisión de Firmas*. Impr. de Luis Tasso y Serra, Barcelona, 1884.

Miravalles Rodríguez, L.: *Grafología pedagógica*, ICE, Salamanca, 1986.

Moracchini, M.: *Abc de la Grafología*, Ed. Tikal, 1995.

Moreno, M. J.: *Grafología Psicológica*. Ed. Obelisco, Barcelona, 2007.

—: *Grafología Analítica*. Ed. Obelisco, Barcelona, 2014.

—: *Grafología y diseño gráfico publicitario*. Ed. Obelisco, Barcelona, 2015.

—: *Anima Mundi. La silenciosa presencia de lo inconsciente*, Ed. Obelisco, Barcelona, 2016.

—: *La Firma. Claves grafológicas para comprender nuestra personalidad*. Ed. Obelisco, Barcelona, 2017.

Muñoz Espinalt, C.: *La interpretación grafológica*. Ed. Hymsa , Barcelona, 1954.

—: *Psicotecnia*, Ed. Fama, 1955.

—: *Grafología aplicada*. Ed.Toray , Barcelona, 1960.

—: *Tu vocación profesional*. Ed. Daimón, 1960.

—: *Guía práctica de la grafología y grafología de la firma*. Ed. De Vecchi, Barcelona, 1975.

Muñoz P.: *Ser Uno-Mismo*. Ed. Kaicron, Castellón, 2006.

Nanot Viayna, A.: *Enciclopedia de la Grafología*. Ed. de Gasso Hnos., Barcelona, 1962.

—: *La Grafología, espejo de la personalidad*. C. de Lectores, Barcelona, 1969

Nelson, N. y Landry, A.: *El diccionario de los garabatos*. Ed. Grijalbo, 1994.

Nietzsche, F.: *Más allá del bien y del mal*. M. E. Editores, Madrid, 1993.

Pelaez Fuentes, L.: *Grafología*, Ed. Bruguera, Barcelona, 1.955.

Peugeot, J. *El conocimiento del niño por la escritura*. Biblioteca Nueva, Madrid, 1999.

Pínkola Estés, Cl.: *Mujeres que corren con los lobos*. Ed. B, Barcelona, 1998.

Posada Angel, A.: *Grafología y Grafopatología*, Ed. Paraninfo, Madrid, 1977.

Priante, M.: *Grafología para la selección y evaluación de personal*. Ed. Paidós, Barcelona, 2000.

Pulver, M.: *El impulso y el crimen en la escritura*. Ed. Victoriano Suárez, Madrid, 1952.

—: *El simbolismo de la escritura*. Ed. Victoriano Suárez, Madrid, 1953.

—: *La inteligencia en la expresión de la escritura*. Ed. Victoriano Suárez, Madrid, 1961.

—: *Persona, carácter, destino*. Ed. Victoriano Suárez, Madrid, 1962.

Ramos Gascón, C.: *Grafología, sexualidad y pareja*, Ed. Xandró, Madrid, 1996.

—: *Grafología y fobia social*. Ed. C.R.G., Madrid, 2000.

Ras, M.: *Estudio del carácter por la escritura*. Ed. Estudio, Barcelona, 1917

—: *Grafología*, Ed. Labor, Barcelona, 1942.

—: *La inteligencia y la cultura en el grafismo*. Ed. Labor, Barcelona, 1945.

—: *El retrato grafólogico*, Ed. Goñi, Madrid, 1947.

—: *Historia de la escritura y de la grafología*. Ed. Plus Ultra, Madrid, 1951.

—: *Los artistas escriben*. Ed. Alhambra, Madrid, 1954.

—: *Lo que sabemos de Grafopatología*. Ed. Gregorio del Toro, Madrid, 1968.

Ras, S.: *Grafotecnia¡*, Ed. Paraninfo, Madrid, 1973.

Ras, S., Ladrón de Guevara, A.: *Grafología morfológica*. Ed. Paraninfo, Madrid, 1972.

Reich, W.: *Escucha hombrecito o discurso al hombre común*. Ed. Bruguera, Barcelona, 1983.

Saint-Exupèry, A.: *El Principito*. Ed. Salamandra, Barcelona, 2002.

Sánchez-Bernuy, I.: *Grafoterapia y Análsis Transaccional*. Ed. Paraninfo, Madrid, 1986.

—: *Grafología, prácticas de morfología*. Ed. Xandró, Madrid, 1995.

Sánchez, E.: *Introducción al estudio de las diferencias individuales*. Ed. Sanz y Torrés, Madrid, 2003.

Servan-Schreiber, D.: *Curación emocional*. Círculo de lectores, Barcelona, 2004.

Sharp, D.: *Lexicón jungiano*. Ed. Cuatro Vientos, Santiago de Chile, 1997.

Simón, J. J.: *El gran libro de la Grafología*. Ed. Martínez Roca, 1992.

—: *Grafología fácil*. Temas de Hoy, 1996.

—: *Así escriben, así son*. Temas de Hoy, 1996.

—: *Cómo hacer análisis grafológicos*. Ed. Martínez Roca, Barcelona, 1997.

Tajan A.: *La Grafomotricidad*. Ed. Marfil, Alicante, 1984.

Teillard, A.: *El alma y la escritura*. Ed. Paraninfo, Madrid, 1974.

Tomati, G. y Fernández, R.A.: *La Grafología como técnica proyectiva gráfica*. Ed. Bonum, 1998.

Torbidoni, L. y Zanin, L.: *Grafología, texto teórico práctico*. Ed. Tantin, Santander, 1991.

Trillat, R. y Escriche, V.: *La grafoterapia en psicopedagogía*. 1996.

Tutusaus Lóvez, J.: *Apuntes de Psicopatología Clínico-Grafológica*. Barcelona, 1985.

Vels, A.: *Escritura y personalidad*. Ed. Herder, Barcelona, 1982.

—: *La selección de Personal*. Ed. Herder, Barcelona, 1982.

—: *Diccionario de Grafología*. Ed. Herder, Barcelona, 1983.

—: *Grafología estructural y dinámica*. Ed. Herder, Barcelona, 1997.

—: *Grafología de la "A" a la "Z"*. Ed. Herder, Barcelona, 2000.

—: *Manual de Grafoanálisis*. Ed. Herder, Barcelona, 2001.

Villamarin, B.: *Grafoterapia y creatividad*. Ed. Lasra, Buenos Aires, 2001.

Viñals, F. y Puente, M.L.: *Psicodiagnóstico por la escritura*. Ed. Herder, Barcelona, 1999.

—: *Pericia caligráfica judicial*. Ed. Herder, Barcelona, 2001.

—: *Análisis de escritos y documentos en los servicios secretos*. Ed. Herder, Barcelona, 2003.

—: *Diccionario jurídico-pericial del documento escrito. Documentoscopia, grafística, lingüística forense*. Ed. Herder, Barcelona, 2006.

Von Franz, M. L.: *El proceso de individuación en: C. G. Jung. El hombre y sus símbolos*, ob. cit.

Wilhelm, R.: *I Ching. El libro de las mutaciones*, Ed. Edhasa, Barcelona, 1991.

Xandró, M.: *La selección de personal*. Ed. Studium, Madrid, 1970.

—: *Los complejos de inferioridad en la escritura*. Ed. Paraninfo, Madrid, 1976.

—: *Grafología elemental*. Ed. Herder, Barcelona, 1982.

—: *Grafología para todos*. Ed. Paraninfo, Madrid, 1982.

—: *Test gráficos de personalidad*. Ed. Paraninfo, Madrid, 1982.

—: *Grafología Superior*. Ed. Herder, Barcelona, 1986.

—: *Manual de test gráficos*. Ed. Eos, Madrid, 1991.

—: *Grafología y recursos humanos*. Ed. Eos, Madrid, 1995.

—: *El análisis grafológico sencillo*. Ed. Xandró, Madrid, 1996.

—: *Grafología y Psicología*. Ed. Xandró, Madrid, 1996.

—: *Grafología y Complejos*. Ed. Xandró, Madrid, 2001.

—: Grafopatología. Ed. Xandró, Madrid, 2001.

—: *Test de Machover, Pareja y Familia*. Ed. Xandró, Madrid, 2002.

—: *Grafología de la firma, rúbrica*. Ed. Eos, Madrid, 2003.

Ytam-Vels: *Tratado de Grafología*. Edit. Vives, Barcelona, 1945.